A INVENÇÃO DO MONOTEÍSMO

Sacha Calmon

A INVENÇÃO DO MONOTEÍSMO

Deuses feitos de palavras

LETRAMENTO

Copyright © 2016 by Sacha Calmon

EDITORES:
Gustavo Abreu & Alencar Perdigão

PROJETO GRÁFICO, DIAGRAMAÇÃO E REVISÃO:
Nathan Matos | LiteraturaBr Serviços Editoriais

CAPA:
João Gabriel Moreira | Estúdio de Criação

Este livro foi editado respeitando as novas regras ortográficas.
TODOS OS DIREITOS RESERVADOS.

A Editora Letramento não se responsabiliza pelo conteúdo da obra, de responsabilidade exclusiva do autor.

Dados Internacionais de Catalogação na Publicação (CIP)
Bibliotecária Juliana Farias Motta CRB7- 5880

C164i Calmon, Sacha

A invenção do monoteísmo : deuses feitos de palavras / Sacha Calmon . Belo Horizonte, MG : Letramento, 2016.
216 p. . ; . 21 cm.

ISBN: 978-85-68275-42-9

1. Deus – Doutrina bíblica. 2. Monoteísmo – Estudos comparados.3. Judaísmo. 4. Cristianismo.I.Título. II. Título: deuses feitos de palavras

CDD 220.6

Belo Horizonte - MG
Rua Cláudio Manoel, 713
Funcionários
CEP 30140-100
Fone 31 3327-5771
contato@editoraletramento.com.br
www.editoraletramento.com.br

Sumário

Glossário 9

Introdução 19

A importância do rei Josias 20

Dos tipos religiosos e da invenção de Javé 23

Um Deus menor 25

Um novo livro 27

O uso da religião para fins políticos e nacionalistas 28

Desmistificando a pré-história dos hebreus 34

A duvidosa saga das três gerações patriarcais:
erronias e incongruências 34

Os descendentes de Ismael 42

O êxodo aconteceu? 46

A campanha miraculosa e mítica de Josué 62

Estudo comparatístico 73

Origem do Israel histórico 73

A teoria dos hapirus 74

A economia de Canaã, em colapso, estrutura
o povo hebreu 77

O monoteísmo na história de Israel 83

O monoteísmo judaico como sincretismo
religioso e projeto político 85

O Deus de Israel e as deidades da Cananeia 88

A mitologia judaico-cristã e outras teogonias 99

Características marcantes do monoteísmo judaico 109

Monoteísmo judaico e ética 121

Neojudaísmo rabínico e nascimento do cristianismo..... 122
O judaísmo construído após a destruição
do templo de Herodes e da diáspora 122
O cristianismo como continuação da exegese judaica
e o anseio pelo Messias salvador................................... 131
Contribuição ética da Torá: herança patriarcal 133

**O revisionismo da religião judaica depois de Isaías
e o cristianismo – Autopoiese religiosa** 143
A verdadeira história de Israel e da Torá 143
Javé gera um filho: o Deus-filho da trindade cristã........ 152
A confusão gerada pela incorporação
da Torá no cânon do cristianismo 153
A virada autopoiética que transforma
Javé em trindade 164
A luta mortífera pelos despojos da seita cristã
entre Paulo e Tiago, o irmão de Jesus........................... 169
Os destinos trágicos de Paulo, Pedro e
Tiago e o triunfo das ideias paulinas 180
A trindade teísta fere de morte as categorias
filosóficas gregas, fontes do dogma............................... 184

O divórcio entre judaísmo e cristianismo 188
A percepção judaica da trindade................................... 188
O monoteísmo torna-se trinitário no cristianismo 191

**Revisionismo da seita judaico-cristã e
nascimento dos mitos cristãos** 196
Jesus como pregador apocalíptico
anuncia o fim dos tempos e o reino dos céus................. 196
A morte de Jesus e sua proclamada ressurreição............ 197
A ressurreição à luz dos textos cristãos 198

Roma impõe o cristianismo trinitário 202

O adiamento do apocalipse, do juízo final e da parusia .. 202

O cristianismo romano 209

Epílogo 212

Razão de ser do livro 212

Bibliografia 213

GLOSSÁRIO

Fontes criadoras da Torá (Bíblia judaica ou Velho Testamento)

Deuteronômio – Versão especial da Torá feita por escribas judeus de inspiração político-religiosa, nos séculos VII e VI a.c.
Fonte D – É a fonte deuteronomista de estilo e valores inconfundíveis.
Fonte E – Redatores do reino de Israel, ao norte. O "E" diz respeito a Eli, nome que designava Deus em aramaico.
Fonte J – Redatores do reino de Judá, ao sul.
Fonte P – *De priestly* (sacerdotal em inglês). É a fonte vinda dos levitas ou sacerdotes.
Fonte Y – Fontes especiais, diversas, esparsas.

Autopoiese (teoria dos sistemas) – Significa que os vários sistemas sociais (jurídicos, religiosos, éticos, políticos) se produzem e autorreproduzem mediante linguagens e métodos próprios, ao longo do devir histórico. A teoria dos sistemas do sociólogo Niklas Luhmann foi ideada para reduzir a complexidade do mundo e do "vir-a-ser". Para ele, não existe um sistema que explique inteiramente o mundo, mas vários, que podem até atritarem-se, provocando fricções, irritações, interpenetrações e, finalmente, efeitos uns nos outros. Contudo, cada um possui seu código, seu DNA. As constantes mutações dos sistemas se fazem por autopoiese. A história da Torá judaica nos mostrará como isso ocorre. Com efeito, o evolver psicológico e antropomórfico da deidade chamada "Javé" nos mostra o extremo vigor do fenômeno poiético.

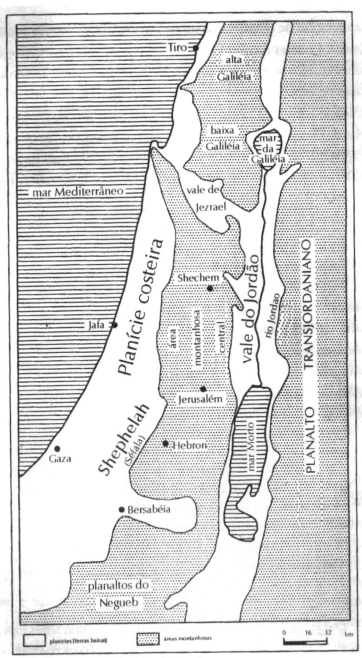

Regiões geográficas da terra de Israel.

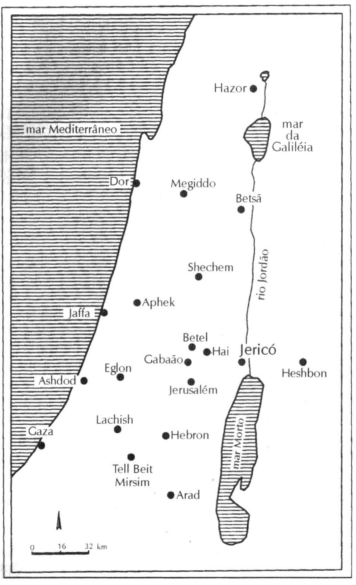

Principais lugares relacionados com as narrativas das conquistas.

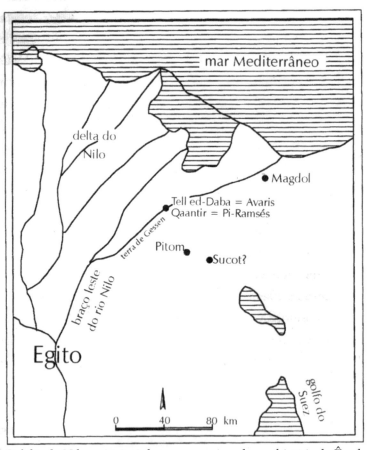

O delta do Nilo: principais lugares mencionados na história do Êxodo.

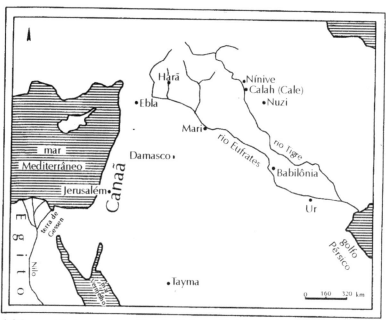

A Mesopotâmia e outros sítios do Oriente Próximo relacionados com as narrativas dos patriarcas.

*A meu pai, que se chamava Josias,
e me fez ler a história desse rei,
difusor do monoteísmo judaico.*

Homines libenter quod volunt credunt
(Os homens acreditam no que querem)
Terentius

Introdução

O monoteísmo judaico surgiu num processo de emancipação de um deus tribal. Javé era um deus menor do panteão de El, o Deus de todos os Elohins[1] (deuses menores da Cananeia). Alçado à condição de único Deus verdadeiro, torna-se inteiramente devotado ao povo judeu, por força de um impressionante movimento político-religioso, por alguns denominado "Javé sozinho", por volta de 750 a 650 a.c., ao tempo dos reis Ezequias e, principalmente, Josias. Ver-se-á que jamais houve a escravidão no Egito, êxodo e muito menos a campanha de Josué, sagas míticas criadas pelos escribas que escreveram o Deuteronômio (que não é um dos livros do Velho Testamento, senão a reinvenção dele, até então uma tradição oral e não escrita). No princípio, Javé era um Deus familial e atencioso, mas ainda não tinha nome próprio. Era o Deus de Abraão, de Isac e de Jacó. Depois, desaparece na suposta fase egípcia de "seu povo", reaparecendo em sua juventude como o Senhor dos Exércitos, general na guerra e legislador, a prometer mundos e fundos a "seu povo", escolhido por ele dentre todos os existentes no mundo, num gesto claramente discriminatório para um Deus único (de todos os povos). É clara a discriminação contra o resto da humanidade. Depois, após a queda dos reinos de Israel (ao norte) e Judá (ao sul), transforma-se em um Deus oculto e misterioso, dividindo-se em três, segundo o cristianismo, num incrível desdobramento de sua tumultuada personalidade.

---

[1] A palavra Elhoím em hebraico pode significar tanto "deus" como "deuses" ("ím" é desinência de masculino plural).

A INVENÇÃO DO MONOTOTEÍSMO: *Deuses feitos de palavras*

Neste livro, vemos o evolver da figura de Javé ao longo da história dos hebreus. Tal intuito pode parecer uma ousadia, por razões compreensíveis. O Brasil é pouco desenvolvido em termos de cultura religiosa e desconhece o que nos Estados Unidos, na Europa, principalmente a setentrional, e mesmo em Israel, já são pontos pacíficos nos meios intelectuais voltados aos estudos bíblicos.

São absurdas e numerosas as contradições do Velho Testamento, e gritante a incompatibilidade entre o Javé da Torá e o Jesus de Nazaré do Sermão da Montanha.

Tudo começou há vinte e sete séculos com um projeto de poder. E para compreender a total diferenciação entre o judaísmo e o cristianismo iremos até o momento em que Javé se torna o pai de Jesus, segundo a tradição cristã.

Esta é uma viagem intelectual que vale a pena ser feita.

A *importância do rei Josias*

A Bíblia é lida diariamente sem respeito ao tempo histórico das vicissitudes, cantos e louvações ali narrados. São livros escritos a dezenas de mãos, em vários momentos, em lugares diferentes e, sobretudo, em línguas mortas diversas, vertidas para dezenas de línguas vivas, com alto teor de polissemia: hebraico, aramaico, grego e latim. São inúmeras suas erronias e incongruências, sem falar nas glosas, emendas e remendos sofridos ao longo do devir histórico, segundo as conveniências de seus redatores.

Mas os crentes dos credos judaico e cristãos leem as Bíblias (Velho e Novo Testamento) como se elas tivessem sido feitas num só dia, ditadas por Deus, e sobre cada versículo ouvem as mais díspares explicações, interpretações e versões por parte dos pregadores, conforme seus credos e o sabor das circunstâncias.

O presente ensaio quer despertar o espírito crítico do leitor para um fenômeno político ímpar, quando a realeza de Judá

SACHA CALMON

resolveu "descobrir" a Torah transmitida oralmente ao povo. Um movimento político-religioso, que os estudiosos denominaram de "deuteronomista", escreveu o texto e disse ao povo que fora descoberta "a palavra de Deus" (escrita por eles mesmos) e que teria sido passada a Moisés. Esse brilhante ajustamento reúne cantos, salmos, mitos, histórias, episódios, tradições orais e transforma-os na Sefer Torah para impressionar o povo, com o intuito político de nele inculcar fé inabalável e tornar Judá um reino invencível, sob os auspícios de Javé[2]. O movimento deuteronomista "criou" um passado maravilhoso, para influenciar os judeus nos séculos VII e VI a.c. e projetar o futuro. O que conhecemos hoje como Velho Testamento foi gestado nesse período.

Entretanto, a Torá não está solitária. Em 1.820, Jean François Champollion decifrou os hieróglifos egípcios. Ficamos sabendo de uma estela de vitória do faraó Meneptah em 1.207 a.c., em razão de grande triunfo sobre um povo que se autodenominava "Israel". Em I Reis 14:25 está dito que o faraó Sesac, identificado como Sheshonq I, da XXII dinastia egípcia (945 a 924 a.c.), marchou até Jerusalém para exigir tributos (vassalagem) no quinto ano do reinado do filho de Salomão, segundo registro da campanha na parede do templo de Amon, em Karnak. O fato mostra que o Egito era a potência dominante nessa época e que Israel pagava tributos para manter sua autonomia, mesmo nos tempos gloriosos do reino único – quando ainda não existia Israel, ao norte, capital Samaria; e Judá, ao sul, capital Jerusalém, ambos na região montanhosa da Cananeia.

Os relatos bíblicos são contraditados por outras fontes: gregas, egípcias, babilônicas, hititas e cananeias; sem falar no estudo comparatístico das fontes históricas e os registros arqueológicos

---

[2] O povo era, então, analfabeto. Em todo o Oriente Próximo os povos semitas ensinavam as leis, poesias e tradições pela repetição oral diária, como ocorre até os dias de hoje com as "madrassas" islâmicas.

A INVENÇÃO DO MONOTOTEÍSMO: *Deuses feitos de palavras*

que, com a linguística, trazem à luz as verdades ocultas. Só para exemplificar, a partir de 1.840, arqueólogos dos Estados Unidos, Alemanha, França e Inglaterra desenterraram cidades grandiosas na Mesopotâmia, tais como Nínive e Babilônia. Alguns reis bíblicos e a época em que reinaram foram então descobertos, como os reis de Israel: Amri, Acab e Jeú; e os reis Ezequias e Manassés de Judá, entre outros. Pela primeira vez, foi possível corrigir erros e ajustar os relatos históricos daquelas épocas a partir de várias fontes, situando Israel na política da região.

Arquivos mesopotâmicos e egípcios mais remotos foram decifrados, como os manuscritos de Mari, Tell El-Amarna e Nuzi, hoje mundialmente reconhecidos como fontes fidedignas. Eles permitiram conhecer o panorama do antigo Oriente Próximo e os fatos dessa época (entre 2.000 e 1.150 a.C.) como, por exemplo, a *razzia* dos chamados "Povos do Mar" que arrasou a Cananeia, a grande cidade de Ugarit e as demais cidades costeiras. Em áreas próximas de Israel, outros tantos achados e feitos de grande importância, como o da vitória do rei moabita Mesha sobre Israel na Transjordânia (testemunho externo da guerra entre as mesmas partes, relatado em 2 Reis 3:4-27). Em 1.993, no sítio de Tel Dan, descobriu-se um registro de vitória do rei arameu Hazael sobre o rei de Israel ou o rei da Casa de Davi, no século IX a.C. Sendo uma inscrição moabita, oferece testemunho extra bíblico do fato.

Com o moderno Estado de Israel – reimplantado no século XX de nossa era – a arqueologia na região cresceu extraordinariamente. Os estudiosos mapearam toda a região desde a Idade do Bronze e sua civilização urbana (3.500 a 1.150 a.C.), bem como sua transformação em estados territoriais no período seguinte, a Idade do Ferro (1.150 a 586 a.C.). Desde então, a conclusão unânime dos estudiosos laicos foi a de que a Bíblia antiga não era nenhuma fantasia, mas tais eram as contradições entre os achados da arqueologia e seu texto que não se poderia mais vê-la como uma fonte absolutamente segura.

Assim descobriram-se os mitos escondidos na realidade histórica, pois não existiu escravidão no Egito, nem êxodo, nem a fantástica campanha de Josué (correspondente a 2/3 da Sefer Torah). A história dos patriarcas são contos, cujas referências geográficas e factuais são inapelavelmente do século VII a.c., justamente o tempo em que foi escrito o Deuteronômio, que cria os demais rolos do Pentateuco (Gênesis, Êxodo, Números e Levítico). Os patriarcas formam a pré-história hebraica, buscando referências que os tornem diversos dos cananeus. Dentre eles, o único que merece crédito é Jacó, depois chamado Israel. Era um pai de família beduíno, cujos filhos criaram clãs de beduínos.

A Bíblia judaica existe graças a esse movimento e ao piedoso rei Josias, o mais decisivo monarca da história de Israel. Sem ele não haveria o que contar, apoiador e incentivador que foi do maior épico-religioso da história da humanidade.

Dos tipos religiosos e da invenção de Javé

Existem dois tipos de religião: as "não reveladas", intuídas pela imaginação humana (xintoísmo, taoísmo, budismo e outras), cuja sede são os povos meditativos do Oriente, para além do Himalaia, e as "reveladas" a certas pessoas que alegaram contato verbal, onírico, telepático ou presencial com a própria divindade ou, no mínimo, com seus interlocutores ou mensageiros (anjos e arcanjos). As religiões reveladas são três: o judaísmo-tronco e suas ramificações, o cristianismo e o islamismo. A sede das fés reveladas, ou religiões do deserto, são os povos da Cananeia (Palestina) e da península arábica, pela voz de videntes visionários, adivinhos e profetas, ao tempo em que se formaram.

A INVENÇÃO DO MONOTOTEÍSMO: *Deuses feitos de palavras*

Entre essas duas grandes vertentes, a sociologia das religiões destaca as religiões animistas. Singularizam-se ora pela construção de episódios míticos interligando homens e deuses, ora pela metempsicose (sucessão de vidas, reencarnações), incluindo, em certos lugares, rituais de contato entre seres humanos e seres sobrenaturais (espíritos), com diálogos entre o mundo dos vivos e a dimensão dos mortos (onde ficariam as almas). Às religiões reveladas não são estranhas essas características das chamadas religiões animistas (de *anima*, alma). O judaísmo – tronco das religiões reveladas por obra de um deus sem nome, que no Monte Horeb passou a ser Javé, e que falava através de videntes ao povo que elegeu como seu – bem pode ser considerado uma religião mágica, animista, envolvendo conversas entre Deus e os homens.

Paul Veyne[3] tocou justamente no ponto que serviu de base ao presente trabalho:

> O javismo sempre foi parcial e intermitente, alguns filhos de Israel adoravam os ídolos antes de adorarem a Javé, ou, mais frequentemente, sem dúvida, adoravam a um só tempo este e aqueles; no dizer de Ezequiel (23, 36-39), os habitantes das duas capitais, Jerusalém e Samaria, "prostituíam-se" aos ídolos antes de ir enxovalhar com sua presença o templo de Javé. Escavando habitações nas encostas da Cidade de Davi, a arqueologia exumou estatuetas da deusa de Sídon, Astarteia, em homenagem à qual o próprio Salomão acabou por erguer um altar (1Rs 11, 5 e 33). Quando se vê que, em alguma circunstância, a divindade dos vizinhos revelou-se mais eficaz do que o deus a que adoramos, fica-se tentado a apelar também para essa divindade.[4] Alguns sacrificavam seus primogênitos ao deus Moloc fazendo-os "passar pelo fogo".[5] Na prática, o javismo exclusivo, ao menos até a época do segundo templo, será uma escolha intermitente mais do que a religião costumeira de Israel. Além do mais, Javé nem sempre era a principal preocupação de toda a sociedade.

---

[3] VEYNE, Paul. *Quando nosso mundo se tornou cristão* (312-394). Trad. Marcos de Castro. 2ª ed. Rio de Janeiro: Civilização Brasileira, 2.011, p. 252.
[4] Cf. 2Cr 28, 23.
[5] 2Rs 16, 3 e 23, 10; Jr 8, 31.

Sacha Calmon

O Justo escarnecido dos Salmos (não confundir com o Justo sofredor, oprimido pelos poderosos que formavam a *entourage* do rei) vivia em uma Jerusalém mais entregue aos prazeres que piedosa, na qual os devotos formavam uma minoria de que zombavam por seu zelo (Sb 2, 12-16).

Na atualidade, a historiografia bíblica e os achados arqueológicos chegaram à quase unanimidade a respeito de dois temas candentes: a invenção de Javé e a época em que a Bíblia judaica foi consolidada.[6]

Um Deus menor

Javé era um deus menor (Elohim) do panteão celestial de El, uma espécie de Zeus do Olimpo cananeu, que dele emancipou-se pelas necessidades políticas da realeza em Judá, ao tempo do rei Josias. Para desgarrar os judeus do politeísmo, comum a todos os cananeus, foram precisos notáveis esforços de escribas e "profetas", e um movimento muito especial, radical e irado denominado por alguns de "Javé sozinho". Esse movimento somente pode ser compreendido se o ambiente psicossocial do momento fosse claramente politeísta. A exigência de Javé, pela palavra dos seus sacerdotes, de adoração exclusiva, sob pena de castigos terríveis, revela a existência de outros deuses. Quando um deus se mostra ciumento, a crer-se no Velho Testamento, é porque admite concorrência e rivalidade.

Em dado momento do século XII a.C., as necessidades políticas da realeza de Judá impuseram a unificação do povo do país para ocupar as terras do vizinho reino de Israel, destruído pelos assírios. Judá tinha, porém, que bater-se com o Egito e o império neobabilônico, ante a retirada da Assíria da região, enfraquecida

---

[6] A *história da mitologia judaico-cristã*. São Paulo: Noeses, 2.010.

A INVENÇÃO DO MONOTOTEÍSMO: *Deuses feitos de palavras*

pelas guerras com o Egito. Em momento de raro brilhantismo, o movimento "Javé sozinho", feito por escribas, sacerdotes e políticos, reconstruiu o passado tribal do povo hebreu de modo maravilhoso, mostrando um Deus de extraordinários poderes (Javé), um líder de elevada estatura (Moisés) e um conquistador invencível, guiado pela mão divina (Josué). A ideia subjacente a tais mitos era mostrar como, no passado, o Deus nacional "celebra" uma aliança com o povo eleito, liberta-o do Egito poderoso, humilhando-o, e conquista a terra prometida (Canaã), expulsando dela seus habitantes com lança erguida e braço forte. A intenção era entusiasmar o povo para que, crédulo desse passado, partisse unido para a guerra iminente e a vencesse, sob os auspícios de Javé.

Ao reavivar os mitos do passado, o rei Josias quis desmerecer os outros deuses por completo; "o seu" podia novamente operar milagres, como no passado e tornar Judá a nação mais poderosa da Terra, tendo como centro a sagrada cidade de Jerusalém, vencendo os deuses de seus inimigos, como fizera com o Egito e os cananeus (supostamente vencidos). Contudo, se o povo insistisse no politeísmo, de resto comum, e perdesse sua unidade, seu destino seria nefasto. Em verdade, o movimento "Javé sozinho" ao mostrar um Deus nacional poderoso, falava para o povo do tempo do rei Josias, de modo a acrisolar todas as forças vivas da nação, como já ocorrera no passado mítico, então recontado para animá-lo.

O rei Josias queria, com isso, poder político e recompensa nacional; porém fracassou. O faraó Necau matou-o, e logo a Babilônia destruiria o Estado de Judá e o templo de Salomão. Seguiu-se o exílio na Babilônia. Desde então o povo judeu viveu sem um Estado nacional, por 25 séculos, até a criação de Israel pela Organização das Nações Unidas (ONU), no século XX.

Sacha Calmon

Um novo livro

Não bastava contar a história do passado glorioso de Judá; mas era preciso criar um livro sagrado, a Torá. Esta foi escrita precisamente nessa época de necessidade, com a elaboração do Deuteronômio 1 (o Deuteronômio 2 surge já na Babilônia, é exílico e pós-exílico). Muitos imaginam que a Torá (o Velho Testamento) fora revelada por Javé, composta de cinco livros: o Gênesis, o Êxodo, Números, Levítico e Deuteronômio. Todavia, o Deuteronômio, cuja tradução seria "segunda lei", no sentido de "a nova lei", reconta, em estilo totalmente diferente, todos os rolos acima mencionados e a história do "povo de Deus". Alguns estudiosos, por isso, falam de uma história deuteronomista, pois as referências contidas naqueles antigos "livros" são do tempo do rei Josias, notadamente as da época dos patriarcas (Abraão, Jacó e Isac).

A época provável de elaboração dessas escrituras então não seria, como se pensa, no tempo de Moisés. Ao contrário, a época em que tudo foi reunido coincide com o reinado de Josias, da profetiza Hulda e do sumo sacerdote Helcias, no século que antecedeu à derrocada do reino de Judá, há dois milênios e meio. Nesse largo período, e desde a queda de Jerusalém, no ano 70 d.C., sob os romanos, Javé foi incapaz de restaurar o reino judaico, o que desmente de forma cabal suas promessas, e sua terrível e milagrosa força. Como se viu, a recriação do Estado judaico é, ironicamente, obra coletiva dos demais povos do mundo, reunidos na ONU, já no século XX d.C., todos seguidores de outras religiões, vez que "judaísmo" e "Javé" são exclusivamente do povo judeu. O reino eterno "prometido" a Davi não passara de promessa.

Comprovar essas assertivas, com a colaboração de meia dúzia de autores consagrados, foi o nosso objetivo: uma jornada fascinante e diferente do que tem sido contado. Sintam-se con-

A INVENÇÃO DO MONOTOTEÍSMO: *Deuses feitos de palavras*

vidados a acompanhar o percurso; é como andar desvelando segredos, encobertos por motivos político-religiosos.

O uso da religião para fins políticos e nacionalistas

O movimento "Javé sozinho" ou o monoteísmo pragmático do tempo do sumo sacerdote Helcias, na época do virtuoso rei Josias, não é o único exemplo de uso político da religião. Temos o caso da Índia dominada pelos arianos oriundos da Pérsia, bem como a congregação dos árabes (pan–arabismo) por Maomé, a partir de mitos religiosos bem engendrados, convindo repassá -los a voo de pássaro.

A sociologia das religiões expõe dois casos de retumbantes sucessos da política manipulando a religião para fins de controle da sociedade. Quatro foram esses casos.

O primeiro caso ocorreu na Índia, por volta de 2.300 a.C. As tribos arianas que viviam nas estepes meridionais da Rússia e no Irã atuais (proto-arianos, falantes do sânscrito, antepassado linguístico dos idiomas indo-europeus da atualidade), começaram a se mover em duas direções, talvez por superpopulação, talvez em razão de dramáticas alterações climáticas e busca de pastagens e terras propícias à agricultura, ou pelos motivos acima referidos devidamente combinados,[7] afastando-se dos rios da região e dos mares Negro e Cáspio. Uma parte seguiu no rumo das penínsulas anatólica (Turquia) e grega, indo além da Europa danubiana; outra parte seguiu pelas altas montanhas do Afega-

---

[7] O sânscrito tem sido de fundamental importância na linguística, verdadeira ferramenta de arqueologia das linguagens. Ele deu origem ao farsi (Irã), às línguas do norte e do centro da Índia, incluindo línguas mortas, como o celta, o grego e o latim. Do sânscrito vieram todas as línguas indo-europeias: germânicas, alírias, eslavas e neolatinas. As línguas semitas vieram do tronco africano do norte.

SACHA CALMON

nistão e pelos perigosos desfiladeiros do Hindu Kush, invadindo a terra dos sete rios (a Índia atual, nela incluída a maior parte do atual Paquistão e o Bangladesh inteiro). Esse grupo ganhou o nome de arianos indo-europeus. Eram caucasoides, povos considerados brancos hoje em dia, e tiveram como ponto de partida nos terceiro e segundo milênios antes de Cristo as regiões sulinas da Rússia e do Irã, até hoje terra dos medos e dos persas, ou iranianos. Em sucessivas vagas, guiados por Indra (um Deus persa), os arianos tomaram o Indo, o Ganges, outros rios e seus vales férteis. Na época, o Indo, tanto como o Tigre, o Eufrates, o Rio Amarelo e o Nilo, serviam ao objetivo da sedentarização do homem e da formação das primeiras cidades-estado do planeta. Escavações mostraram famosas cidades anteriores à invasão dos arianos, como Harappa e Mohenjo-Daro, centros de imensos impérios no subcontinente indiano, que duraram de 2.400 a 1.700 anos a.C. O desaparecimento dessas civilizações, compostas de povos de pele escura ou morena, mas de cabelos lisos, chamados de "dassas" ou "dazas", era creditado às invasões arianas, povos nômades das estepes além do Himalaia. Hoje a moderna arqueologia avaliza a tese de que severas alterações climáticas abateram ditos impérios, entre eles um terremoto de dimensões ciclópicas, a provocar degelos que teriam alterado o curso do rio Indo e provocado inundações fatais. Os invasores agrupados em tribos, portanto, em sucessivas vagas cada vez maiores, bateram-se com povos já enfraquecidos e tiveram êxito, passando a dominar o subcontinente, onde estabeleceram reinos; daí os rajás e marajás.

O livro das epopeias dos persas era o Rig Veda, repleto de mitos e lendas sobre a criação do mundo. Indra era o Deus persa dos invasores, o Senhor dos Exércitos. Todavia, havia um problema de dominação política a ser previamente resolvido. Primeiro, era preciso incorporar imensas populações. Os arianos

A INVENÇÃO DO MONOTOTEÍSMO: *Deuses feitos de palavras*

eram minoria. Para cada um deles havia cinco dazas. Segundo, construir instituições que perpetuassem a conquista. Os arianos descobriram que os hindus acreditavam na metempsicose (sucessivas reencarnações evolutivas e involutivas) e deuses em profusão, em colorido panteão. Sob a orientação dos seus sacerdotes, até então submetidos aos guerreiros, que batalhavam em carros de rodas raiadas como facas, puxados por cavalos em alta velocidade, protegidos por longos escudos e pontudas lanças, eles inventaram um sistema de poder até hoje vigente. Há no Rig Veda um hino dessa época bem significativo das invocações a Deus em tempos de guerra:

> Indra – conhecido pela força, herói proeminente, poderoso, triunfante, exercitando a força, acima de todos os heróis, acima de todos os guerreiros, nascido da força – subam nas carruagens vitoriosas, tomem as vacas! Ele, arrombando os currais de vacas, encontrando o gado com o raio no braço, vencendo a competição e investindo com vigor – sejam heróis como ele, ó membros do clã! Agarrem-se a ele, ó companheiros! Lançando-se com destreza nos currais de vacas, Indra, o herói inflexível, de ira centuplicada, subjugador de tropas, duro de ser combatido – possa ele vir em nosso auxílio nas batalhas! [8]

Mas, o que fizeram os sofisticados sacerdotes persas, aproveitando a oportunidade para se posicionarem acima dos guerreiros e dos homens que produziam e faziam trocas? Valeram-se das crenças na reencarnação dos dazas para impor sua dominação no subcontinente, fundindo os Vedas com as religiões locais, originando o confuso e multifacetado hinduísmo mítico e místico. Usaram vários estratagemas geniais. Primeiro, ampliaram as castas, reservando para si as três mais elevadas: a dos brâmanes (sacerdotes), a dos guerreiros e a dos comerciantes proprietários.

---

[8] A diferença é que a conquista da Índia existiu realmente, e a campanha de Josué existe somente nos rolos de papel da Torá. Outras fontes históricas não atestam essa 'formidável' campanha.

30

SACHA CALMON

Depois, sacralizaram as vacas, porque delas o que interessava era o leite e o estrume (combustível, argamassa e adubo). Até hoje os hindus fazem tortas de capim e estrume como combustível para o fogo, e utilizam-nas para unir pedras e taipas. O leite tornou-se o alimento básico, ao lado dos frutos da terra, trabalhada pelas castas inferiores, tornando assim uma imensa população imobilizada em estamentos inferiores, mas produtivamente especializada (o imobilismo social é uma das características do universo hindustânico). O vegetarianismo, os subprodutos do leite, as castas e o conformismo social deram aos arianos invasores o domínio da Índia e dos seus sete grandes rios, propensos à irrigação.

A reencarnação, ao invés da ascensão social, mantinha as populações com seus milhares de subdeuses protetores, crentes de que o importante era comportar-se bem nesta vida para reencarnarem numa casta superior noutra existência.

O segundo caso de êxito político de uso da religião é o que nos ocupa neste livro. O notável povo judeu, extremamente modesto na Cananeia, conseguiu se unificar mesmo nas adversidades, graças ao culto a Javé, construindo um épico religioso desproporcional aos feitos do seu ideado Deus. O objetivo, bem mais limitado, do sumo sacerdote Helcias era ter por escrito uma Torá que era oral, lendas, rezas, hinos e mitos dispersos, para dar alento sobrenatural para o surgimento de uma potência política judaica na Palestina.No entanto, dez séculos depois, os imprevistos da história transformaram o intento, de resto malogrado, em propósito parcialmente bem-sucedido. Vale dizer, o Deuteronômio tornou-se parte da Bíblia cristã e Javé, o Deus-pai dos cristãos.

Entre esses dois casos de uso político da religião, um trouxe vantagens, o outro desvantagens para os povos que os patrocinaram. Para os persas, o domínio da Índia foi total. Até hoje os estamentos dominantes são claros de pele e bem mostram os

A INVENÇÃO DO MONOTOTEÍSMO: *Deuses feitos de palavras*

traços arianos dos persas. É que os persas venceram as batalhas e depois implantaram os mitos para consolidar seu domínio. No caso de Judá, primeiro criaram-se os mitos para favorecer seus desígnios, mas as guerras contra o Egito (morre em batalha o virtuoso rei Josias) e a Babilônia foram perdidas, culminando com a destruição do templo de Jerusalém e do Estado judaico. Prevaleceu o velho ditado: *Ai dos vencidos!* Desde então, os judeus viveram em estados alheios até que a ONU providenciou o novo Estado de Israel. O mito de que Javé teria dito a Davi que seu reino seria contínuo e eterno ruiu. Persistiria a "ideia-força" utópica, mas fundamental, de que um Messias ainda viria para redimir o povo judeu.

Outros dois casos de uso político da religião são o islamismo (quase um milagre histórico para vários estudiosos) e a reforma protestante, a servir muito bem ao capitalismo nascente, contra o ebionismo seletivo e o conservadorismo da Igreja Apostólica Romana. Do último caso – explica-o muito bem Max Weber – não nos ocuparemos. Quanto ao islamismo, o oportunismo de Maomé – cuja inteligência política era notável pela percepção pragmática da realidade de seu tempo –, merece destaque pelas intuições que teve, sete séculos depois de Jesus.

Primeira: a crença num Deus único e eterno, senhor da justiça, imaterial (puro espírito), sem representações (proibição de ídolos ou idolatria) como *conditio sine qua non* para unir e acrisolar os povos árabes e não árabes, em torno de uma ideia divina superior (universalismo). O Islão é universal, não é a religião de um povo, como o judaísmo (até hoje a religião de um povo e de seu Estado).

Segunda: não se deve obrigar o homem a submeter-se a Deus. Islão significa submissão de qualquer um ao Deus da misericórdia, porém espontânea, consentida (autoentrega). Parte da ideia de que cada homem é responsável apenas pelos seus atos, que o homem peca por si mesmo, daí o apego a Alá, o compassivo, que perdoa e salva, mormente os que sofrem o martírio por nele crer. É fácil ao homem comum compreender a própria falibilidade. O islamismo não rima com missão, apologia, conversão, apostolado. Aceita que qualquer um se entregue a Alá que o salvará da morte e cuidará de sua alma, pelo arrependimento eficaz de seus malfeitos. E Alá (legislador civil e penal) fará tudo para afastar o homem do pecado.

Terceira: só há um Deus (El, Eli, Alá), e Maomé é o seu último profeta. A multiplicidade de profetas do judaísmo foi obstada. Maomé é o último deles, acima de todos que vieram antes: Elias, Enoque, Geremias, Isaías, Jesus, etc. De conseguinte, se o Arcanjo Gabriel lhe revelou verdades, terá sido porque Israel se fez egoísta com um Deus somente dele, e o cristianismo o desnaturou, partindo o Deus único em três partes (neopaganismo), além de ser belicoso, apologético, a forçar conversões.

A trindade, os cismas, as heresias e os dogmas impeliram os povos do império romano do Oriente a aderir ao islamismo. E o Islã propagou-se como um rastilho de pólvora, tornando-se – cem anos após a morte de Maomé – a religião predominante desde a Pérsia, a Anatólia (Turquia), passando pela Síria-Palestina, Egito, península arábica e todo o norte da África. Tem hoje mais adeptos que o catolicismo e igrejas ortodoxas, e empata em número de adeptos com o cristianismo inteiro, se é que já não o ultrapassou, e segue crescendo em todos os continentes. Em compensação, baseado em um único texto (o Corão), o islamismo é mais impermeável ao reformismo e à evolução.

DESMISTIFICANDO A PRÉ-HISTÓRIA DOS HEBREUS

A *duvidosa saga das três gerações patriarcais:* erronias e incongruências

A história dos patriarcas teve o propósito de edificar uma pré-história judaica, diferente da dos cananeus. Apresenta como antepassado Abraão, alguém que vinha de Ur, na Caldeia, sinal de boa descendência, pois ali era o coração cultural e a zona central do universo semita. A saída encontrada foi duplamente criativa:

a) Para tirar Abraão de Harã, cidade posta às margens de rio tributário do Eufrates, na Síria-Palestina, Deus lhe aparece em soonho e o seduz com a promessa de que seria o pai de muitas nações, além da sua própria, a qual estaria reservada toda a Cananeia, à época ocupada (um pretexto para os intentos de Judá e do movimento "Javé sozinho" nos séculos VII e VI a.C.). Essa inexplicável escolha por um Deus incógnito, que nem nome tinha, é tipicamente um episódio dos literatos semitas, hábeis contadores de histórias, como as que estão presentes em *As Mil e uma Noites*.

b) A história dos patriarcas e do Egito, com a teofania do Sinai (proto-história) – tendo por liame José, filho de Jacó, pai de Judá, o instituidor da raça judaica –, desaparece na poeira do tempo, com a ida da família inteira de Jacó para o Egito, em busca de sobrevivência. No Egito, há um grande hiato: nada se sabe desse período, até que, de repente, Deus se lembra do seu esquecido povo. Agora é um Deus furibundo, bem diferente do solícito Deus dos patriarcas. A lenda pinta os hebreus como maioria populacional escravizada no

Egito. A partir daí o Deus dos hebreus opera maravilhas e milagres. Dá-se o êxodo glorioso e a prometida conquista de Canaã. Depois, os filhos de Deus desagradam-no e ele usa a Assíria e a Babilônia para castigá-los, destruindo tanto Israel (ao norte), como Judá (ao sul). Um belo romance épico e histórico. Uma história de sucesso que depois se torna trágica, feita de promessas descumpridas e seguidas derrotas políticas, a ponto de transformar a própria natureza de Deus, de forte, invencível e falante, em misterioso e oculto.

A história dos patriarcas é altamente improvável. Como sabido, Abraão era caldeu e morava em Harã, às margens de um rio tributário do Eufrates. Sua família teria origem em Ur, no coração da antiga e respeitada civilização suméria-acadiana. De Acádia, vem o termo "caldeu" para designar os semitas da Mesopotâmia (região do Tigre e do Eufrates), rios que desembocam no golfo pérsico, fronteira entre a antiguidade semita e ariana.

O Egito era o celeiro do Oriente Próximo, o lugar para onde todos acorriam em tempos de dificuldades, secas prolongadas e fome. Pois bem, se considerarmos que os patriarcas (Abraão, Isac e Jacó) ficaram pastoreando entre as vilas e cidades da Cananeia por 300 anos – descontado o tempo em que Abraão e Sara estiveram sozinhos no Egito (Sara foi concubina do faraó), antes que Isac vivesse seus cento e tantos anos, e que os israelitas, irmãos de José, filhos de Jacó, suposto neto de Abraão partissem para o Egito – chega-se a uma data por volta de 2.100 a.C. para a partida de Abraão da Caldeia para a Cananeia ou Canaã, "terra onde jorrava leite e mel". A Bíblia, em I Reis 6:l, diz que o êxodo aconteceu 480 anos antes do quarto ano do reinado de Salomão. Em Êxodo 12:40 está dito que os israelitas padeceram 430 anos de cativeiro no Egito, antes do êxodo.

A partir daí as erronias se acumulam, pois, os escribas do Deuteronômio careciam de revisores rigorosos e muita coisa vinha da repetição oral, comum entre os semitas, para preservar

A INVENÇÃO DO MONOTOTEÍSMO: *Deuses feitos de palavras*

a memória dos fatos. Para começar, Moisés e Aarão foram tidos como da quarta geração de Levy, filho de Jacó. Josué, contemporâneo deles, era tido como da duodécima geração de José, justamente o filho mais novo de Jacó, afora Benjamim.

Veremos agora uma interessante incongruência. As andanças dos patriarcas estão repletas de camelos, que ainda não existiam na região. Os autores, que dão suporte às nossas observações, dizem:

> As histórias dos patriarcas são repletas de camelos, geralmente tropas de camelos; na história da venda de José como escravo por seus irmãos (Gênesis 37, 25), os camelos são descritos também como bestas de carga usadas no comércio das caravanas. Sabe-se agora, por meio da pesquisa arqueológica, que os camelos não foram domesticados como bestas de carga senão no final do segundo milênio, e que não eram usados para esse fim de forma ampla no antigo Oriente Próximo a não ser bem depois de 1.000 a.C. E um detalhe ainda mais notável – a caravana de camelos carregando 'resina, unguento e mirra' da história de José – revela familiaridade óbvia com os principais produtos do lucrativo comércio árabe, que floresceu sob a supervisão do império assírio nos séculos VIII e VII a.C.
>
> De fato, escavações no sítio de Tell Jemmeth, na planície da costa sul de Israel – entreposto particularmente proveitoso na principal rota das caravanas entre a Arábia e o Mediterrâneo –, revelaram crescimento dramático no número de ossos de camelos no século VII. Os ossos eram quase exclusivamente de animais maduros, sugerindo que serviam como bestas de carga, e não de rebanhos criados no local (entre esses, também seriam encontrados ossos de animais jovens). Com efeito, é precisamente nessa época que fontes assírias descrevem o uso de camelos como animais de carga. Só então esses animais se tornam traço essencial da paisagem, incluídos como detalhe casual na narrativa literária. [9]

Em Gênesis 26:1, Abraão passa por um episódio constrangedor com Abimeleque, rei dos Filisteus (que eram gregos), na ci-

---

[9] FINKELSTEIN, Israel; SILBERMAN, Neil Asher. *A Bíblia não tinha razão.* Trad. Tuca Magalhães. São Paulo: A Girafa, 2003, p. 58-61, do original *The Bible Unearthed: Archaeology's New Vision of Ancient Israel and the origin of its sacred texts.*

dade de Gerara. No entanto, essa colônia egeia surgiu no litoral em 1.100 a.c. e floresceu no século VIII a.c., durante o período em que a Assíria dominava a região, tempo bem mais próximo da redação do Deuteronômio e posterior ao Êxodo. Israel Finkelstein reforça a assertiva:

> Assim, a combinação dos camelos, dos produtos árabes, dos filisteus e de Gerara – bem como outros lugares e nações mencionadas nas histórias dos patriarcas no Gênesis – é altamente significativa. Todas as pistas indicam que a composição do texto ocorreu muitos séculos depois do tempo no qual a Bíblia relata que as vidas dos patriarcas aconteceram. Esses e outros anacronismos sugerem que as narrativas dos patriarcas foram escritas durante período intensivo dos séculos VIII e VII a.c.

Os camelos não são um assunto de secundária importância, muito pelo contrário. Os ossos desses animais na área do Oriente Próximo, onde se situam Egito, Palestina, Arábia Saudita, Síria e Líbano, quando submetidos à datação com elementos como o carbono 14, mostram que esses animais viveram na região em época recente, cerca de 900 anos antes de Cristo, uma época mais recente que a era patriarcal. Além disso, os camelídios, cujos representantes mais conspícuos são o camelo e o dromedário, tiveram seu *habitat* natural nas imediações do deserto de Gobi, na China, onde viviam como animais selvagens. Depois de domesticados, foram usados pelos habitantes do noroeste da China, da Mongólia e das estepes da Ásia Central, para transportar mercadorias em grandes caravanas, como bestas de carga, e até como montaria, além de fornecerem leite. O aparecimento de camelos no Oriente Próximo dá-se tardiamente, e alguns historiadores, portanto, entendem que sua domesticação (e uso como animais de carga) ocorrera entre 900 e 800 anos antes de Cristo.

Os mesmos autores contestam a existência de camelos em caravanas na lenda de José, filho de Jacó. Antes disso, a Torá – re-

A INVENÇÃO DO MONOTOTEÍSMO: *Deuses feitos de palavras*

velando que sua compilação se dera ao tempo do rei Josias, com o Deuteronômio, às vésperas do exílio babilônico – faz outra referência aos camelos que Abraão traz do Egito, depois de induzir sua mulher a tornar-se concubina de um faraó (Gênesis 12:10-16). Nem todas as bíblias, nesse ponto, fazem menção aos camelos de Abraão. Falam em rebanhos, prata e ouro. Mas a Torá sefaradi da Editora Sêfer (2.001), em português, traduzida da edição do Centro Educativo Sefaradi de Jerusalém, diz o seguinte:

> E houve fome naquela terra e desceu Abrão ao Egito para morar ali. [...] Eis que agora sei que és uma mulher formosa à vista. E será que quando te virem os egípcios dirão: sua mulher é esta, e matarão a mim e a ti deixar-te-ão viver. [...] Dize, então, que és minha irmã para que seja bom para mim. E a Abrão fizeram bem por causa dela e teve ele rebanhos e vacas e asnos e servos e servas e jumentas e camelos. [...] (Gênesis 12 – Lech Lechá).

Ora, é muito improvável que existissem camelos domesticados no tempo do mítico Abraão, tanto é que a arqueologia não noticia ossos em tempos tão remotos (2.200 anos antes de Cristo, no mínimo). Até ossos de camelos achados pela moderna arqueologia desmistificam histórias supostamente ditadas por deuses aos seus porta-vozes.

A irmandade de Abraão e Sara, por sua vez, não chega a ser uma mentira absoluta, mas uma meia verdade. Na Bíblia, vê-se o motivo de Abraão, a peregrinar por terras estranhas ocupadas por muitos chefes de vilas, oásis e até cidades, ser obrigado a proteger-se, entregando a terceiros a sorte sexual de Sara. No Egito, a Bíblia não esconde que Sara pertenceu sexualmente ao faraó. No caso de Abimeleque, a Bíblia diz que Deus impediu a consumação carnal, numa história muito mal contada, no curso da qual ficamos sabendo que o patriarca vivia em estado de incesto com Sara, pois eram irmãos por parte de pai (Gênesis 20:1-6).[10] Confira-se:

---

[10] *A Bíblia Sagrada Batista*. Edição contemporânea de João Ferreira de Almeida. São Paulo: Vida, 1999.

SACHA CALMON

Partiu Abraão dali para a terra do Neguebe, habitou entre Cades e Sur, e morou em Gerar. Havendo Abraão dito de Sara, sua mulher: É minha irmã, enviou-a a Abimeleque, rei de Gerar, e tomou a Sara. Deus, porém, veio a Abimeleque em sonhos, de noite, e lhe disse: Estás para morrer por causa da mulher que tomaste; ela tem marido. Ora, Abimeleque ainda não se havia chegado a ela, por isso perguntou: Senhor, matarás também uma nação inocente? Não me disse ele mesmo: É minha irmã? E ela também disse: É meu irmão? Na sinceridade do meu coração e na pureza das minhas mãos fiz isto. Então lhe disse Deus no sonho: Bem sei eu que na sinceridade do teu coração fizeste isto, e também eu te impedi de pecar contra mim. É por isso que não te permiti tocá-la.

Pecar contra ele? Abimeleque era cananeu e não estava entre seus eleitos (Gênesis 20:7-18).[11]

Agora, pois, restitui a mulher ao seu marido, pois ele é profeta, e rogará por ti, para que vivas. Mas se não a restituíres, certamente morrerás, tu e tudo o que é teu. Levantou-se Abimeleque de madrugada, chamou a todos os seus servos, e quando falou todas estas palavras em seus ouvidos, os homens temeram muito. Então chamou Abimeleque a Abraão e lhe perguntou: Que nos fizeste? E em que pequei contra ti, para trazeres sobre mim e meu reino tamanho pecado? Tu me fizeste o que não se deve fazer. Disse mais Abimeleque a Abraão: Com que intenção fizeste isso? Respondeu Abraão: Eu disse comigo mesmo: Certamente não há temor de Deus neste lugar, e eles me matarão por causa da minha mulher. E, na verdade, é ela também minha irmã, filha do meu pai, mas não da minha mãe; e veio a ser minha mulher. E quando Deus me fez sair errante da casa de meu pai, eu disse a ela: Seja esta a graça que me farás: em todo lugar aonde formos, dize de mim: É meu irmão... Então tomou Abimeleque ovelhas e bois, e servos e servas, e os deu a Abraão, e lhe restituiu Sara, sua mulher. E disse Abimeleque: A minha terra está diante da tua face, habita onde bem te parecer. E a Sara disse: Tenho dado ao teu irmão mil moedas de prata. Isso te seja por véu dos olhos a todos os que estão contigo; perante todos estás justificada. Orou Abraão a Deus, e Deus sarou

---

[11] *Idem, ibidem.*

A INVENÇÃO DO MONOTOTEÍSMO: *Deuses feitos de palavras*

a Abimeleque, e à sua mulher, e às suas servas, de maneira que tiveram filhos. Pois o Senhor havia fechado totalmente todas as madres da casa de Abimeleque, por causa de Sara, mulher de Abraão.

Finalmente, Deus precisou consertar o malfeito, dialogando em sonhos com Abimeleque, a dizer-lhe que, apesar das mentiras do casal, Abraão era profeta. Mas profeta para quem? Abraão conversava diretamente com Deus e seus arcanjos. Era um beduíno entre estranhos. Não tinha filhos àquela época. Era ele e seu clã, seus servos e rebanhos. O Deus que lhe apareceu em sonhos seria o El cananeu, pois Javé ainda nem existia. Durante o denominado período patriarcal, em nenhum momento a Bíblia refere-se à Javé (ao sul) ou Eli (ao norte), mas ao Altíssimo: como os cananeus se referiam a Deus. No período egípcio, tampouco há registro de Javé; salvo no momento do êxodo. Outro indício do El cananeu é o caso de Ismael, primeiro filho de Abraão, com a serva egípcia Agar, por aquiescência da própria Sara. Entretanto, depois de conceber, Agar foi jogada no deserto junto com o filho para morrer. A pedido de Abraão o Senhor a salvou, mas de forma cruel, dizendo que Ismael seria como um "jumento bravio": ele ergueria os punhos para todos e todos ficariam contra ele. Depois, o Senhor retifica o anátema e proclama que imensa seria a sua descendência, e que seria pai de muitos príncipes influentes, conforme se lê nas bíblias. A primeira parte da narrativa é seguramente uma intrusão do redator deuteronomista em antiga lenda cananeia para elevar o conceito de Isac, o segundo filho de Abraão.

Outra disceptação cognitiva nos vem da Torre de Babel, onde hoje temos o Iraque. A Bíblia, depois de dar a descendência de Sem, Cam (ou Cão) e Jafet segundo "as suas famílias, segundo as suas línguas, nas suas terras, segundo as suas nações", isto é, reconhecendo, *a priori*, que existiam famílias, línguas e nações diversas

(Gênesis 10); passa depois a narrar a Torre de Babel (Gênesis 11). Os homens que falavam a mesma língua, em razão de sua descendência em comum, queriam crescer para o alto em direção a Deus e não ser dispersos, daí a ideia de uma torre crescendo em direção ao céu, a Deus do céu. Isto porque é a dispersão que faz com que as gentes acabem, pelas modificações fonéticas e sintáticas, por criar novas linguagens. Segundo a narrativa, Deus se coloca contra esse processo de aglutinação dos descendentes de Noé, não lhes quer dar tanto poder e por isso os confunde. Sendo assim, brancos, amarelos e negros estiveram juntos na terra de Sinear. Mas isso é totalmente improvável à luz das grandes migrações.

> Partindo eles do Oriente, acharam uma planície na terra de Sinear, e habitaram ali. Disseram uns aos outros: Vinde, façamos tijolos, e queimemo-los bem. Os tijolos lhes serviram de pedra e o betume de cal. Então disseram: Vinde, edifiquemos para nós uma cidade e uma torre cujo cume toque no céu, e façamo-nos um nome, para que não sejamos espalhados sobre a face de toda a Terra. Mas desceu o Senhor para ver a cidade e a torre que os filhos dos homens edificavam. Disse o Senhor: O povo é um e todos têm uma só língua. Isto é o que começam a fazer; agora não haverá restrição para tudo o que eles intentarem fazer. Vinde, desçamos, e confundamos ali a sua linguagem, para que não entenda um a linguagem do outro. Assim o Senhor os espalhou dali sobre a face de toda a Terra, e cessaram de edificar a cidade. Por isso se chamou o seu nome Babel, porque ali confundiu o Senhor a linguagem de toda a Terra e dali os espalhou o Senhor sobre a face de toda a Terra. (Gênesis 11-2:9)

Quem são os interlocutores do Deus bíblico quando ele conclama: *"Vinde, desçamos e confundamos ali a sua linguagem..."*? Outros deuses da Assembleia de El? Em verdade, a Torre de Babel é uma mítica e ingênua maneira de explicar a diversidade linguística da humanidade. O versículo *"partindo eles do Oriente"* oferece-nos pistas. A primeira, que os homens descendentes de Noé vinham para lá da Suméria, hoje situada no sul do Iraque.

A INVENÇÃO DO MONOTOTEÍSMO: *Deuses feitos de palavras*

Pararam em uma *"planície na terra de Sinear"* (Suméria). Essa terra era conhecida pelas grandes construções que terminavam em minaretes ou platôs (zigurates), bem distante do Monte Ararat, onde pousou a arca de Noé, segundo a lenda (atual Turquia), a nos indicar que essa parte do relato bíblico é, possivelmente, cópia de lendas acadianas. Elas rezam que os deuses desciam nesses lugares de cem em cem anos.

Com efeito, foram os sumérios que afirmaram, primeiramente, o heliocentrismo, o dia de 24 horas e o ano de 12 meses. O relato bíblico desqualifica a Suméria com a Torre de Babel e a superioridade da "terra dos senhores civilizados", o modo como se intitulavam os sumérios, autores da primeira civilização da região (no fim do período Neolítico). Anote-se que a língua dos sumérios era aglutinante, diversa dos idiomas semitas, e acabaram fundindo-se.

Os descendentes de Ismael

Israel Finkelstein e Neil Asher Silberman[12] tecem interessantes e comprovadas considerações, a mostrar que as menções aos descendentes de Ismael são do tempo de Judá, nos séculos VIII e VII a.C.

Entre os descendentes de Ismael listados no Gênesis 25, 12-15, por exemplo, estão os cedaritas, de seu filho Cedar, mencionados pela primeira vez nos registros assírios do final do século VIII a.C., e que são frequentemente referidos durante o reinado do rei assírio Assurbanipal, no século VII a.C. Antes dessa época, eles viviam além da área de interesse imediato de Israel e Judá, ocupando a margem ocidental do Crescente Fértil. Da mesma maneira, os filhos de Ismael, Adbeel e Nabaiot, representam os grupos do norte da Arábia e também são citados nas inscrições assírias no final do século VIII e no século VII. E,

---

[12] FINKELSTEIN, Israel; SILBERMAN, Neil Asher. Obra citada, p. 64-72.

SACHA CALMON

por fim, Tema, filho de Ismael, está relacionado provavelmente com o grande oásis de caravanas de Tayma, no noroeste da Arábia, referido em fontes assírias e babilônicas nos séculos VIII e VI a.C. Esse oásis foi um dos dois maiores centros urbanos no norte da Arábia, de cerca de 600 a.C. até o século V a.C. O grupo, denominado Sabá, que é citado em outra lista de povos do sul (Gênesis 25,3), também viveu no norte da Arábia. Como nenhum desses nomes específicos foi relevante, ou mesmo esteve presente no conhecimento do povo de Israel antes do período assírio, parece restar pouca dúvida de que essas passagens genealógicas foram confeccionadas entre o final do século VIII e o século VI a.C.[13] E isso não é tudo. As narrativas do Gênesis revelaram ainda inequívoca familiaridade com a localização e a reputação dos impérios assírios e babilônicos do século IX ao VI a.C. A Assíria é mencionada especificamente em relação ao rio Tigre no Gênesis 2:14, e duas das capitais reais do império assírio – Nínive (reconhecida como a capital do império no século VII a.C.) e Cale (sua predecessora) – são citadas no Gênesis 10:11 (ambos são documentos J). A cidade de Harã desempenha papel dominante nas histórias dos patriarcas; o sítio, ainda chamado Eski Haran ('antiga Harã'), está localizado no sul da Turquia, na fronteira com a Síria, longe da Cananeia.

Os árabes – igualmente semitas –, especialmente os habitantes dos desertos do sul de Israel, celebraram nas suratas do Alcorão a infância de Abraão em Ur, na Caldeia, e a briga com os adoradores de ídolos quando ainda era criança. Por isso seu Deus é inefável (puro espírito) e sequer pode ser representado pela mente humana. Para eles, Ismael, pai dos árabes ismaelitas,

---

[13] *Nota dos autores citados: É importante observar que parte desse material genealógico no Gênesis, tal como a lista dos filhos de Ismael, pertence a uma fonte P, que é datada, no essencial, no período pós-exílico na Babilônia. Enquanto alguns estudiosos argumentam que P tem uma camada monárquica posterior, e consequentemente pode muito bem refletir interesses e realidades do reino de Judá no século VII a.C. Mas em nenhum caso existe explicação convincente para a menção nas genealogias dos patriarcas de todos esses povos que habitavam o deserto, exceto em tentativas literárias posteriores a fim de incorporá-los, de modo sistemático, à antiga história de Israel.*

A INVENÇÃO DO MONOTOTEÍSMO: *Deuses feitos de palavras*

nômades que se deslocavam desde a Mesopotâmia até o sul do atual Iêmen, é filho legítimo de Abraão, até porque Sara era estéril ("já lhe havia cessado o costume das mulheres"). Abraão é lenda cananeia e árabe, antes de ser mito judaico.

Silberman e Finkelstein mostram mais inconsistências temáticas na Torá:

> Portanto, as tradições dos patriarcas devem ser consideradas como uma espécie de 'pré-história' piedosa de Israel, na qual Judá desempenhou papel decisivo; elas descrevem a verdadeira história antiga da nação, delineiam as fronteiras étnicas, enfatizam que os israelitas eram forasteiros, que não faziam parte da população nativa de Canaã, e abraçam as tradições do norte e do sul, embora destaquem essencialmente a superioridade de Judá.[14] Na evidência reconhecidamente fragmentada da versão E das histórias dos patriarcas, compiladas presumivelmente no reino de Israel ao norte, antes de sua destruição em 720 a.C., a tribo de Judá não desempenha nenhum papel. Mas, por volta do final do século VIII, e com certeza no século VII a.C., Judá era o centro do que restava da nação israelita. Sob essa luz, devemos considerar a versão J das narrativas dos patriarcas principalmente como tentativa literária para redefinir a unificação do povo de Israel, mais do que um registro acurado da existência de personagens históricos que tinham vivido há mais de um milênio.[15]

---

[14] *Nota dos autores citados: Como a fonte P (priestly) no Pentateuco é datada pela maioria dos estudiosos como da época posterior ao exílio, e a redação final realizou-se também naquele período, enfrentamos séria questão sobre como identificar a camada do período pós-exílico nas histórias do Gênesis. De muitas maneiras, as necessidades da comunidade no período depois do exílio eram bem semelhantes às necessidades do antigo Estado monárquico. Ainda assim, como tentaremos demonstrar aqui, a estrutura básica e a elaboração inicial das narrativas dos patriarcas apontam claramente para sua origem no século VII a.C.*
[15] *Nota dos autores citados: Outro exemplo de unificação das tradições do norte e do sul, sob a supremacia do reino de Judá, é a localização dos túmulos dos patriarcas. Esse lugar sagrado – onde Abraão e Isac, os heróis do sul, assim como Jacó, o herói do norte, foram enterrados – situa-se em Hebron, a segunda cidade tradicionalmente mais importante no país montanhoso de Judá. A história da compra do túmulo dos patriarcas é atribuída, em geral, a uma fonte P (pries-*

SACHA CALMON

O significado de tudo isso é que tanto os textos J do Pentateuco como a história deuteronomista foram escritos no século VII a.c., em Judá, em Jerusalém, quando o reino de Israel ao norte não existia mais. Provavelmente as ideias, as histórias básicas e mesmo os personagens atrás de ambas as redações eram conhecidos de forma ampla. A fonte J descreve a própria história antiga da nação, enquanto a história deuteronomista lida com acontecimentos de séculos recentes, com ênfase especial na ideia do pan-israelismo, na providência divina de linhagem davídica e na centralização do culto no templo de Jerusalém.[16] O grande talento dos criadores desse épico nacional, no século VII a.c., foi o modo como teceram as antigas histórias, sem despojá-las de sua humanidade ou de sua característica individual. Abraão, Isac e Jacó permaneceram ao mesmo tempo vivos retratos espirituais e antepassados metafóricos do povo de Israel. E os 12 filhos de Jacó foram inseridos na tradição como membros jovens de uma genealogia mais complexa. Na arte da narrativa

---

tly = sacerdotal), que parece ter sido escrita mais de uma vez. Se essa tradição é monárquica em sua origem, embora a versão final tenha aparecido mais tarde, é clara expressão da centralidade de Judá e de sua superioridade sobre o norte. A transação específica de compra da terra descrita na história tem fortes paralelos no período neobabilônico, outra pista para as realidades futuras, subjacente às narrativas dos patriarcas.

[16] *Nota dos autores citados: No século VII a.C., as ambições territoriais do reino de Judá, de reivindicar as terras israelitas conquistadas pelos assírios, estão expressas também nas tradições de Abraão. Na história da grande guerra em Gênesis 14, Abraão persegue os reis mesopotâmicos que capturaram seu sobrinho Ló, caçando-os até Damasco e Dan (14-15). Nesse ato, ele liberta seus súditos da escravidão mesopotâmica e expulsa as forças estrangeiras da antiga fronteira do reino de Israel, ao norte. Também relevante para as ambições territoriais de Judá nesse período é o foco especial nas tribos de "José" – Efraim e Manassés – e a forte mensagem da separação dos israelitas do povo de Canaã nas narrativas dos patriarcas. A agenda imediata para Judá, depois da queda do reino do norte, era a expansão para os antigos territórios israelitas nas terras altas situadas diretamente ao norte de seu reino, ou seja, os territórios de Efraim e Manassés. Depois de destruírem Samaria, os assírios instalaram os deportados da Mesopotâmia nos territórios do reino vencido. Alguns foram estabelecidos na área de Betel, perto da fronteira do norte de Judá. A ideia do pan-israelismo tinha que considerar essa situação dos novos 'habitantes de Canaã', vivendo nos territórios que Judá via como sua herança. As narrativas dos patriarcas, que dão forte ênfase à importância do casamento entre parentes e a evitar casamentos com outros povos da terra, cabem perfeitamente nessa situação.*

A INVENÇÃO DO MONOTOTEÍSMO: *Deuses feitos de palavras*

bíblica, os filhos de Abraão, Isac e Jacó foram, de fato, reunidos numa única família. Foi o poder da lenda que os uniu, de forma muito mais convincente e infinita do que as efêmeras aventuras de poucos indivíduos históricos, pastoreando carneiros nas colinas de Canaã, jamais teriam conseguido.

O êxodo aconteceu?

O êxodo do Egito revela, inicialmente, um contrassenso geográfico difícil de explicar. O delta do Nilo tinha sete braços, de acordo com relatos e mapas egípcios, hititas, de Ugarit e gregos. Hoje tem apenas dois, em razão do assoreamento e da própria dinâmica do rio. Por outro lado, os estudiosos são unânimes, mormente os egiptólogos, na afirmação de inexistência de escravização em massa de qualquer povo semita ou não no Egito, vivendo juntamente com a sociedade local.[17] Afora o Deuteronômio, nenhuma fonte histórica dá-nos conta desse fato. Os estudiosos ligam o êxodo a dois episódios que teriam ocorrido na região. O primeiro diz respeito aos hicsos, povos beduínos de vários lugares de Canaã, que progressivamente chegaram à região do braço leste do Nilo, entre 1.950 e 1.550 a.C., uma época de fragilização do Egito. Esses povos formaram um Estado no delta leste, erguendo como capital a cidade de Avaris. Chegaram a instituir uma dinastia feroz, que oprimiu fortemente parte do Egito. Segundo o historiador egípcio Manêto, foram derrotados definitivamente e expulsos à força do país, por volta de 1.540

---

[17] Há uma tradição no Egito a respeito de Moisés (Osarip), que o liga ao Sinai e à cidade de Avaris (capital dos hicsos). O historiador César Cantu a ela se referiu. O faraó teria mandado para a pedreira de Turah, 80 mil egípcios com vícios corporais e depois lhes permitiu habitar em Avaris, orientados por um sacerdote rebelde de Heliópolis (Osarip/Moisés), que lhes deu leis contrárias às egípcias e pactuou aliança com os reis pastores da Síria-Palestina (que invadiram o Egito e dominaram todo o delta leste do Nilo até o Sinai). Cantu, *História Universal, Ed. Literária Fluminense*, Lisboa.

a.C. Meio século durou o domínio dos semitas cananeus, dentre eles os futuros judeus, sobre o Egito. Ao invés de escravidão, domínio; ao revés de êxodo, expulsão.

A volta forçada dos hicsos pode ter servido de memória e inspiração para a história do êxodo, por parte dos escribas deuteronomistas. Por outro lado, séculos depois, já nos anos 600 a.c., Jeremias nos informa que israelitas viviam, pastoreavam e trabalhavam em obras civis dos faraós, inclusive fortificações militares na terra de Gósen ou Jessem, expressão dinástica de Cedar (suposto filho de Abraão com Agar, a escrava de origem egípcia). Essa terra de Gósen abrigava significativa população de comerciantes cedaritas, que faziam o comércio de produtos do Egito com as demais cidades da região, incluindo as cidades da costa e das planícies cananitas, bem como de Aram-Damasco. O Gósen ou Jessem cedarista, igualmente, ficava junto ao delta leste do Nilo. Se algum êxodo de israelitas pastores existiu (em pequena escala), decorreu da derrota dos hicsos ou da expulsão forçada de pastores e trabalhadores cananeus pelos comerciantes cedaritas, por estarem causando embaraços às caravanas desde a terra de Gósen.

Seja como for, entre a terra de Gósen e Gaza, ao sul de Canaã, a distância é relativamente pequena. Qualquer fuga do Egito, do delta leste em direção a Canaã, implicava passar pelo caminho mais curto, a velha estrada de Hórus e não se tinha que atravessar nenhum curso d'água, bastando para isso ver os mapas antigos. No entanto, a suposta fuga dos hebreus deu-se na direção de Mediã, que ficava no sul da península do Sinai, ao contrário de Canaã, que está ao norte.

O contrassenso está no fato de o Monte Sinai ou Horeb, onde se deu a teofania de Javé, o Baal do vulcão (o Monte Sinai é um vulcão extinto) estar no sul da península desértica, local diametralmente oposto a Canaã como já assinalado. É como se

A INVENÇÃO DO MONOTOTEÍSMO: *Deuses feitos de palavras*

alguém quisesse sair do Nordeste para São Paulo e se dirigisse para o Estado de Tocantins, sem falar que o deserto era tórrido e vasto, longe de tudo, além de ser duas ou três vezes mais distante que Gaza. Então, se Javé já havia feito tantas maravilhas em pleno Egito, embora a Torá não informe a cidade em que as coisas miraculosamente teriam acontecido, qual o motivo de evitar a passagem pelo caminho de Hórus? Restaria a tese menos recomendável, a de Osarip (Moisés), como instrutor monoteísta, casado com Zípora, uma medianita que vivia com os seus em alguns oásis e veredas férteis na região do Monte Horeb, de rudimentar agricultura e do pastoreio de cabras. Osarip (Moisés) teria sido um príncipe egípcio, seguidor do faraó Akenaton, de credo monoteísta. Teria matado no Egito uma pessoa de alta estirpe e foi degredado para Mediã, em vez de ser executado. Estudiosos de alguma suposição dizem que beduínos hebreus por lá andaram, e trouxeram tradição monoteísta para os cananeus das montanhas de Canaã, justamente conhecidos como israelitas a partir de 1.200 a.C. Não temos como saber ou sustentar essa hipótese. A única fonte são alguns registros egípcios da história de Osarip, muito incipientes.

O êxodo de Israel do Egito é a lenda fundante da nação israelita, o momento culminante de sua identidade, construída ao tempo do rei Josias. No entanto, inexiste no mundo outra fonte, além da Torá, que confirme a fantasiosa história do êxodo. O que havia era uma recorrente ida de cananeus para o Egito fértil. Idas de famílias, clãs e tribos cananeias. Finkelstein e Silberman[18] explicam:

> Durante séculos, a figura heroica de Moisés confrontando o tirânico faraó, as dez pragas e o vasto êxodo israelita do Egito permaneceram como imagens centrais e inesquecíveis da história

---

[18] FINKELSTEIN, Israel; SILBERMAN, Neil Asher. Obra citada, p. 126-31.

SACHA CALMON

bíblica. Por intermédio de um líder guiado divinamente – não de um pai – que representava a nação para Deus e Deus para a nação, os israelitas navegaram o curso quase impossível do cativeiro sem esperança para as próprias fronteiras de sua Terra Prometida.

No Egito, existiam anos muito bons e também anos difíceis – determinados pelas oscilações no nível do Nilo na estação das enchentes, graças a vários padrões distintos de precipitação pluviométrica nas suas nascentes, na África central e nos planaltos etíopes –, mas raramente passava por períodos de fome absoluta. O Nilo, mesmo com o nível baixo, ainda era fonte confiável de água para a irrigação, e de qualquer modo o Egito era um Estado bem organizado e preparado para os anos melhores e piores, em virtude da estocagem de grãos nos depósitos do governo. O delta do Nilo, em particular, apresentava uma paisagem bem mais convidativa na Antiguidade do que é hoje. Nos dias atuais, por causa do assoreamento e das mudanças geológicas, o Nilo se divide em apenas dois braços principais, um pouco ao norte da cidade do Cairo. Mas ampla variedade de antigas fontes, inclusive dois mapas do período romano-bizantino, registra que o Nilo se dividia, antigamente, em sete braços, e criava uma área muito maior de terras bem supridas de água. O braço mais a leste se estendia no que é hoje uma zona árida, salgada e pantanosa no noroeste do Sinai; e canais feitos pelo homem cortavam a região, carregando água fresca para a área inteira, transformando o que hoje são os pântanos áridos e salgados do canal de Suez numa área verde, fértil e densamente povoada.

Há uma boa razão para se acreditar que nos tempos de fome em Canaã – do exato modo como a narrativa bíblica descreve – pastores e lavradores igualmente iam para o Egito a fim de se estabelecer no leste do delta e aproveitar a sua confiável fertilidade. [...] A famosa pintura da tumba de Beni Hasan, do Médio Egito, datada do século XIX a.C., retrata um grupo descendo da Transjordânia para o Egito com mercadorias e animais, presumivelmente como comerciantes, não como trabalhadores recrutados. Outros podem ter sido levados de Canaã para o delta pelos exércitos dos faraós, como prisioneiros das campanhas punitivas contra as cidades-estado revoltosas de Canaã. Sabemos que alguns foram designados escravos nas terras cultivadas dos templos do Estado; outros terminaram subindo na escala social, chegando a se tornar funcionários do governo, soldados e até mesmo sacerdotes.

Esses padrões demográficos ao longo do delta leste – o povo asiático imigrando para o Egito para ser recrutado para o trabalho

A INVENÇÃO DO MONOTOTEÍSMO: *Deuses feitos de palavras*

forçado – não se restringiram à Idade do Bronze, pelo contrário, eles refletem os ritmos das eras antigas na região, incluindo os séculos na Idade do Ferro, mais perto da época em que a narrativa do Êxodo foi escrita.

O relato da ascensão proeminente de José, como narrada no livro do Gênesis, é a mais famosa das histórias dos imigrantes de Canaã chegando ao poder no Egito, mas existem outras fontes que oferecem essencialmente o mesmo quadro – do ponto de vista egípcio. A mais importante delas foi escrita pelo historiador egípcio Mâneto, no século III a.C.; ele registrou uma história de imigração extraordinária pelo seu sucesso, embora seu ponto de vista patriótico a tenha transformado em tragédia nacional. Baseando seus relatos nos "livros sagrados" anônimos e em "contos e lendas populares", Mâneto descreveu uma massiva e brutal invasão do Egito por estrangeiros do Leste, a quem chamou hicsos, enigmática forma grega de uma palavra egípcia que ele traduziu como "reis pastores", mas que verdadeiramente significa "governantes de terras estrangeiras". Mâneto relatou que os hicsos se estabeleceram no delta, em uma cidade chamada Avaris, e fundaram uma dinastia que dominou o Egito, com grande crueldade, por mais de quinhentos anos.

Nos primeiros anos da pesquisa moderna, os estudiosos identificaram os hicsos com os reis da XV dinastia do Egito, que governaram mais ou menos entre 1.760 a 1.570 a.C. Esses estudiosos aceitaram literalmente o relato de Mâneto e buscaram sinais para a existência de uma poderosa nação estrangeira ou um grupo étnico que teria vindo de longe para invadir e conquistar o Egito. Estudos subsequentes mostraram que as inscrições e selos que levavam nomes de governantes hicsos eram semitas ocidentais, em outras palavras, de Canaã. Escavações arqueológicas recentes no leste do delta do Nilo confirmaram aquela conclusão e indicaram que a "invasão" dos hicsos foi um processo gradual de imigração de Canaã para o Egito, ao invés de uma fulminante campanha militar.

A escavação mais importante foi feita por Manfred Bietak, da Universidade de Viena, em Tell ed-Daba, sítio no delta leste identificado como Avaris, a capital dos hicsos. Essas escavações mostraram a gradual influência de Canaã nos estilos da cerâmica, arquitetura e túmulos, por volta de 1.800 a.C. Na época da XV dinastia, cerca de 150 anos depois, a cultura do sítio, que, por acaso, se transformou em grande cidade, era esmagadoramente de Canaã. As descobertas de Tell ed-Daba são evidências de longo e progressivo desenvolvimento da presença do povo de Canaã no delta e de uma dominação local pacífica. É uma situação estranhamente semelhante, pelo menos nos seus contornos amplos, às histórias das visitas dos patriarcas ao Egito, e de sua instalação eventual naquela região. O fato de Mâneto, escrevendo quase 1.500 anos mais tarde, narrar uma invasão brutal, ao invés de uma imigração gradual e pacífica, deve provavelmente ser compreendido pela formação de sua própria época, quando as lembranças das invasões do Egito pelos assírios, babilônios e persas nos séculos VII e VI a.C. ainda restavam, de forma dolorosa, frescas na consciência egípcia.

Mas existe paralelo ainda mais poderoso entre a saga dos hicsos e a história bíblica dos israelitas no Egito, a despeito das drásticas diferenças de tom. Mâneto descreve como, enfim, acabou a invasão dos hicsos por um virtuoso rei egípcio que atacou e derrotou os invasores, "matando muitos deles e expulsando os remanescentes para as fronteiras da Síria". De fato, Mâneto supôs que, depois que os hicsos foram expulsos do Egito, fundaram a cidade de Jerusalém, onde construíram um templo. Ainda mais fidedigna é uma fonte egípcia do século XVI a.C., que reconta as proezas do faraó Ahmose, da XVIII dinastia, que saqueou Avaris e perseguiu os remanescentes dos hicsos até a cidade mais ao sul de Canaã – Saroen, perto de Gaza –, que ele tomou de assalto depois de longo cerco. E de fato, por volta da metade do século XVI a.C., Tell ed-Daba foi abandonada, marcando o final da influência de Canaã.

Em apoio aos autores de A Bíblia não tinha razão, o embaixador brasileiro Costa e Silva, especializado em história da África, aduz que os hicsos eram semitas da Palestina, grupo que incluía os futuros "israelitas". Os hicsos foram expulsos à força e tiveram que voltar (êxodo) de onde vieram. Essa parte da história ficou no imaginário de toda a Cananeia. Diz Costa e Silva:[19]

> O Segundo Período Intermediário da história egípcia, a estender-se do século XVIII a.C. às primeiras décadas do século XVI a.C. é a época da "grande humilhação" do Egito, quando o país

---

[19] SILVA, Alberto da Costa e. A enxada e a lança: a África antes dos portugueses. São Paulo: Nova Fronteira, 1992.

A INVENÇÃO DO MONOTOTEÍSMO: *Deuses feitos de palavras*

não só se fraciona em vários Estados, mas assiste à ocupação do delta por reis estrangeiros – os hicsos. Eles tomaram Mênfis e instalaram um faraó em Avaris.

Prosseguindo com Finkelstein e Silberman:

> Assim, fontes arqueológicas e históricas independentes relatam a imigração de semitas de Canaã para o Egito, e os egípcios expulsando-os com o uso da força.
> A maioria dos estudiosos considera a referência bíblica específica ao nome Ramsés um detalhe que preservou uma memória histórica autêntica. Em outras palavras, eles argumentam que o êxodo deve ter ocorrido no século XIII a.C. e existem outros detalhes específicos da história desse episódio que apontam para o mesmo século. Primeiro, as fontes egípcias relatam que a cidade de Pi-Ramsés ("A Casa de Ramsés") foi construída no delta, na época do grande rei egípcio Ramsés II, que governou de 1279 a 1231 a.c., e que aparentemente semitas foram aproveitados na sua construção. Segundo, e talvez mais importante, a menção mais antiga de Israel num texto extrabíblico foi encontrada no Egito, na estela que descreve a campanha do faraó Meneptah – o filho de Ramsés II – em Canaã, no exato final do século XIII a.c. A inscrição relata uma destrutiva campanha militar egípcia naquela região, durante a qual um povo chamado Israel foi dizimado ao ponto de o faraó ter-se vangloriado de que "A semente de Israel não mais existe!" A jactância era claramente excessiva e vazia, mas indica que algum grupo, conhecido como Israel, estava em Canaã naquele período. De fato, dúzias de povoados relacionados com os antigos israelitas apareceram na região montanhosa de Canaã na mesma época. Assim, se houve um êxodo histórico, argumentaram os estudiosos, deve ter ocorrido no final do século XIII a.C.
> A estela de Meneptah registra pela primeira vez o nome Israel, em algum texto antigo que sobreviveu. Novamente, isso levanta questões básicas: Quem eram os semitas no Egito? Podem ser considerados israelitas, por alguma razão significativa? Nenhuma menção do nome Israel foi encontrada nas inscrições ou documentos relacionados com o período dos hicsos. O nome não é mencionado sequer nas inscrições egípcias posteriores, nem no extenso arquivo cuneiforme do século XIV a.C., encontrado em Tell el-Amarna, no Egito, cujas aproximadas quatrocentas letras descrevem, detalhadamente, as condições social, política e demográfica de Canaã naquele tempo. Como argumentaremos

SACHA CALMON

em capítulo posterior, os israelitas emergiram de modo gradual, como um grupo distinto em Canaã, apenas no final do século XIII a.c. Não existe evidência arqueológica conhecida da presença de Israel no Egito imediatamente antes daquele período. Um papiro do final do século XIII a.c. registra quão estritamente os comandantes dos fortes monitoravam o movimento de estrangeiros: "Nós completamos a entrada de tribos do edomita shasu (i. e. beduínos), através da fortaleza de Meneptah-Contente-com-a-Verdade, que é em Tjkw, até os poços de Pr-Itm que estão em Tjkw para a manutenção de seus rebanhos". Esse registro é interessante em outro elo: cita dois dos mais importantes lugares mencionados na Bíblia associados ao êxodo. Sucot (Êxodo 12, 37; Números 33, 5) é provavelmente a forma hebraica para o egípcio Tjkw, nome que se refere a um lugar ou área na parte leste do delta que aparece nos textos egípcios desde a época da XIX dinastia, a dinastia de Ramsés II. Pitom (Êxodo 1, 11) é a forma hebraica de Pr-Itm, que significa "Casa (i. e. Templo) do Deus Atom". Esse nome aparece pela primeira vez na época do novo reinado no Egito.[20] De fato, mais dois nomes de lugares citados na narrativa do êxodo parecem se adequar à realidade do leste do delta à época do Novo Império. O primeiro, que já mencionamos, é a cidade chamada Ramsés – Pi-Ramsés ou "A Casa de Ramsés" em egípcio. Essa cidade foi construída no século XIII a.C., como a capital de Ramsés II no leste do delta, muito perto das ruínas de Avaris. O trabalho duro na fabricação de tijolos, como descrito no relato bíblico, era fenômeno comum no Egito e a pintura de um túmulo do século XV a.C. retrata essa especialidade do ofício da construção com detalhes. Por fim, Magdol, que aparece no relato do êxodo (Êxodo 14, 2), é nome comum no novo reinado para os fortes egípcios da fronteira a leste do delta e ao longo da estrada internacional do Egito a Canaã, no norte do Sinai. A fronteira entre Canaã e o Egito era, portanto, estritamente controlada. Se uma grande massa de israelitas fugitivos tivesse passado pelas fortificações de fronteira no regime faraônico, deveria existir um registro. Ainda assim, nas abundantes fontes egípcias que descrevem a época do Novo Império em geral, e o século XIII em particular, não há referência aos israelitas, nem mesmo uma única pista. Sabemos sobre grupos nômades de

---

[20] *Atom ou Aton* era o Deus monoteísta representado pelo sol, cultuado por uma dinastia que foi vencida pelos sacerdotes trinitários (Horus, Ísis e Osíris), bem perto da época mosaica.

A INVENÇÃO DO MONOTOTEÍSMO: *Deuses feitos de palavras*

Edom que entraram no Egito pelo deserto. A estela de Meneptah se refere a Israel como um grupo de pessoas que já viviam em Canaã. Mas não há pistas, nem mesmo uma única palavra, sobre antigos israelitas no Egito: nem nas inscrições monumentais nas paredes dos templos, nem nas inscrições em túmulos, nem em papiros. Israel inexiste como possível inimigo do Egito, como amigo ou como nação escravizada. E simplesmente não existem achados arqueológicos no Egito que possam estar associados de forma direta com a noção de um grupo étnico distinto (em oposição a uma concentração de trabalhadores migrantes de muitos lugares), vivendo numa área específica a leste do delta, como subentendido no relato bíblico sobre os filhos de Israel vivendo juntos na terra de Gessen.

Aliás, se escravidão em massa houve no Egito, foi José que a estabeleceu em prol do faraó, dono de todas as terras do lugar, inclusive em Gessen, nome dinástico da família real cedarita (de Cedar, filho de Ismael, filho de Abraão). Neste ponto, vê-se como até mesmo as lendas do Gênesis foram alteradas pelos deuteronomistas:

> E não havia pão em toda a terra, porque a fome era muito grave; de modo que a terra do Egito e a terra de Canaã desfaleciam por causa da fome. Então José recolheu todo o dinheiro que se achou na terra do Egito, e na terra de Canaã, pelo trigo que compravam; e José trouxe o dinheiro à casa do Faraó. Acabando-se, pois, o dinheiro da terra do Egito, e da terra de Canaã, vieram todos os egípcios a José, dizendo: Dá-nos pão; por que morreremos em tua presença? Porquanto o dinheiro nos falta. E José disse: Dai o vosso gado, e eu vo-lo darei pão por vosso gado, se falta o dinheiro. Então trouxeram o seu gado a José; e José deu-lhes pão em troca de cavalos, e das ovelhas, e das vacas e dos jumentos; e os sustentou de pão aquele ano por todo o seu gado.
>
> E acabado aquele ano, vieram a ele no segundo ano e disseram-lhe: Não ocultaremos ao meu senhor que o dinheiro acabou; e meu senhor possui os animais, e nenhuma outra coisa nos ficou diante de meu senhor, senão o nosso corpo e a nossa terra.
>
> Por que morreremos diante dos teus olhos, tanto nós como a nossa terra? Compra-nos a nós e a nossa terra por pão, e nós e a nossa terra seremos servos do Faraó; e dá-nos semente, para que

vivamos, e não morramos, e a terra não se desole. Assim José comprou toda a terra do Egito para o Faraó, porque os egípcios venderam cada um o seu campo, porquanto a fome prevaleceu sobre eles; e a terra ficou sendo de Faraó. E, quanto ao povo, fê-lo passar às cidades, desde uma extremidade da terra do Egito até a outra extremidade. Somente a terra dos sacerdotes não a comprou, porquanto os sacerdotes tinham porção do Faraó, e eles comiam a sua porção que o Faraó lhes tinha dado; por isso não venderam a sua terra. Então disse José ao povo: Eis que hoje tenho comprado a vós e a vossa terra para o Faraó; eis aí tendes semente para vós, para que semeeis a terra. Há de ser, porém, que das colheitas dareis o quinto ao Faraó, e as quatro partes serão vossas, para semente do campo, e para o vosso mantimento, e dos que estão nas vossas casas, e para que comam vossos filhos. E disseram: A vida nos tens dado; achemos graça aos olhos de meu senhor, e seremos servos do Faraó. José, pois, estabeleceu isto por estatuto, até ao dia de hoje, sobre a terra do Egito, que o Faraó tirasse o quinto; só a terra dos sacerdotes não ficou sendo do Faraó. Assim habitou Israel na terra do Egito, na terra de Gósen, e nela tomaram possessão, e frutificaram, e multiplicaram-se muito. (Gênesis 47:13-27)

A referência à terra de Gósen é inquietante. Os judeus do tempo de Jeremias (século VII a.C.) viveram no delta leste. Gósen é nome semita e remete aos comerciantes cedaritas ali estabelecidos.

O faraó tinha o domínio eminente, e os agricultores o domínio útil das terras. Tratava-se de enfiteuse, e também um modo de o faraó ameaçar de retomada o imóvel rural do arrendatário preguiçoso. Entretanto, um agricultor podia ceder a outro sua sesmaria, pagando uma taxa ao faraó. Quanto ao "quinto" da produção, se destinava a abastecer os armazéns mantidos pelo Estado egípcio, para distribuição ao povo em tempos de escassez. Desde três mil anos a.C. era assim.

Voltemos aos autores citados:

Há algo mais: parece altamente improvável, como também é a travessia do deserto e o ingresso em Canaã, que um grupo, mesmo que pequeno, pudesse fugir do controle egípcio na época de

A INVENÇÃO DO MONOTOTEÍSMO: *Deuses feitos de palavras*

Ramsés II. No século XIII a.C., o Egito estava no auge de seu poder e autoridade, o poder dominante do mundo. O controle sobre Canaã era firme; fortalezas foram construídas em diversas partes do país, e funcionários egípcios administravam os assuntos na região. Nas cartas de el-Amarna, datadas de um século antes, há a informação de que uma unidade de cinquenta soldados egípcios era grande o bastante para apaziguar qualquer agitação em Canaã. E ao longo do período do Novo Império os extensos exércitos egípcios marcharam através de Canaã para o norte, até o rio Eufrates, na Síria. Consequentemente, a principal estrada que ia por terra, ao longo da costa do norte do Sinai para Gaza e depois para o centro de Canaã, era de extrema importância para o regime faraônico.

O trecho mais potencialmente vulnerável da estrada – que cruzava o árido e perigoso deserto do Sinai, entre o delta e Gaza – era o mais protegido. Um sofisticado sistema de fortes, de depósitos de grãos e de fontes de água fora estabelecido a uma distância de um dia de marcha ao longo de toda a extensão da estrada, chamada Caminho de Hórus. Essas guarnições militares egípcias na estrada permitiam ao exército imperial cruzar a península do Sinai de maneira conveniente e eficiente, quando necessário. Os anais do grande conquistador egípcio Tutmosis III contam que ele marchou com suas tropas do leste do delta até Gaza uma distância de cerca de 250 quilômetros em dez dias.

Pondo de lado a possibilidade de milagres inspirados divinamente, não é razoável aceitar a ideia de fuga de um grande grupo de escravos do Egito, através de fronteiras fortemente vigiadas por guarnições militares, para o deserto e depois para Canaã, numa época com colossal presença egípcia na região. Qualquer grupo escapando do Egito contra a vontade do Faraó teria sido rapidamente capturado, não apenas por um exército egípcio que o perseguiria desde o delta, mas também por soldados egípcios dos fortes no norte do Sinai e em Canaã.

De fato, a narrativa bíblica sugere o perigo da experiência de fugir pela estrada da costa. Assim, a única alternativa seria através das terras desérticas e desoladas da península do Sinai; mas a possibilidade de um grande grupo de pessoas caminhando por essa península também é contestada pela arqueologia.

Segundo a Torá, os israelitas vagaram pelo árido deserto e tabuleiros do Sinai durante quarenta longos anos. Ainda segundo a Torá, saíram do Egito, fora mulheres e crianças, cerca de

SACHA CALMON

seiscentos mil homens prestantes, uma assombrosa multidão. Quanta logística para comer, abrigar, suprir de água, cuidar da higiene, pastorear animais...

Arqueólogos do mundo inteiro, especialmente israelenses, fizeram centenas de escavações no Sinai e as evidências encontradas foram inexoravelmente negativas. Finkelstein e Silberman relatam algumas dessas expedições frustradas. Dizem que não se encontrou um único caco ou fragmento, uma casa, algum traço de acampamento. O registro arqueológico chegou a comprovar atividades pastoris na região até no 3º milênio a.c., mas com relação à época do êxodo nada foi encontrado. De acordo com a Bíblia, os israelitas acamparam durante 38 dos 40 anos de sua temporada no deserto, em dado lugar (Números 33). Trata-se de um oásis em Ein El-Qudeirat, na atual fronteira entre Israel e o Egito, bem perto de outra fonte até hoje chamada de Ein Qadis, segundo a crítica bíblica.

Pois bem: todas as escavações nesses sítios não trouxeram sequer um pedaço de cerâmica ou restos, que a multidão acampada ali deixaria em profusão. Outro lugar, Eziom-Geber, entre Eilat e Aqaba, ao norte do Golfo de Aqaba, foi remexido até não mais poder e ofereceu pior resultado: o *nada* arqueológico. Em Números 21:1-3, diz-se que o rei cananita de Arad, que "habitava no Neguev", atacou os israelitas. Vinte anos de escavações intensivas no sítio de Tel Arad revelaram restos de uma grande cidade da Idade do Bronze, anterior, com cerca de vinte e cinco acres, mas nenhum remanescente na Idade do Bronze posterior, que é a idade ou ciclo da era que importaria no caso do suposto êxodo de uma grande nação.

Os exemplos se multiplicam em desmentidos categóricos ao mítico êxodo. É o caso de Siom, rei da cidade de Hesbon, opondo-se à passagem dos israelitas por seus territórios, o que gerou batalhas vencidas por estes (Números 21:25-26 e Deuteronô-

A INVENÇÃO DO MONOTOTEÍSMO: *Deuses feitos de palavras*

mio 2:24-25). Escavações em Tel Hesbon ou Edom mostraram que no lugar não existiu sequer uma vila da Idade do Bronze posterior. Diz a Bíblia que, quando o povo israelita passou pela Transjordânia, enfrentou a resistência de moabitas, edomitas e amonitas, habitantes desse lugar. Contudo, o planalto transjordaniano – segundo os mapas arqueológicos modernos – era muito pouco habitado naquela época, não havia muitas pessoas por ali, apenas algumas famílias isoladas e pequenas, como grãos de areia num deserto.

Do exposto, restam duas conclusões. Primeira: os lugares referidos no Êxodo, e mesmo pessoas e acontecimentos não são inventados, mas são da época da ascensão de Judá, ou seja, foram elaborados no século VII antes de Cristo, e não por Moisés. Segunda: é mais crível que o amálgama de três fatos históricos reais tenha ensejado os grandiosos e lendários relatos bíblicos relativos ao êxodo, a saber:

a) A memória coletiva da expulsão dos hicsos (semitas, principalmente cananeus) do delta leste do Nilo, a tomada de sua capital, Avaris, e a sua atropelada volta para Canaã enfrentando resistências.

b) O regresso de um pequeno número de cananeus, em época mais recente, que estavam no Sinai pastoreando e até mesmo trabalhando para os egípcios na construção de fortes e obras civis; porém, já influenciados pelo "príncipe" exilado do Egito (Osarip), mais tarde magnificado com o nome de "Moisés", o suposto criador da Torá, que em hebraico significa "lei".

c) A memória da arrasadora incursão dos Povos do Mar, por volta de 1.100 a.C., que tornaram Ugarit, as cidades marítimas e da planície costeira de Canaã uma profunda desolação. Ao que parece, Josué, ou melhor, os deuteronomistas (Deuteronômio 1), atribuíram ao famoso comandante destruições que ele não patrocinou, aludindo a cômoros que encerravam ruínas. Era uma maneira de dar credibilidade aos textos tardios ao tempo do rei Josias.

SACHA CALMON

Em suma, o Livro do Êxodo é mais um notável texto literário sobre eventos míticos não comprovados por relatos históricos egípcios, babilônicos, hititas e cananeus. Por isso mesmo, a arqueologia nada pôde demonstrar.

É sugestivo que fonte alguma egípcia, mesopotâmica, grega, cananeia tenha registrado "a escravidão no Egito do povo hebreu" e a "gloriosa campanha militar de Josué, o Conquistador". Mais sugestivo ainda é o fato de que depois dessas fantasiosas vitórias, quando o oceano se reparte e o sol se imobiliza, para gáudio de Josué, Israel não tenha vencido mais nenhum povo ou império.

Hoje os fatos passados nos parecem evidentes. O século VII a.C. foi de ascensão, tanto no Egito como em Judá. Os egípcios chegaram a empurrar os assírios de volta à Mesopotâmia, deixando livre a grande Canaã, inclusive Judá. Ao saírem da Filisteia, da Palestina e da Fenícia (Líbano atual), ocorreu entre os de Judá a sensação de que estivessem libertos do terrível jugo assírio. Não estavam, pois o Egito avassalou a Cananeia, exigindo fidelidade e tributos, mas numa escala muito mais branda. Do lado de Judá, acendrou-se o movimento "Javé sozinho" (é o início do divórcio entre Javé e as demais divindades cananeias), a ser referendado pela grande saga do êxodo. Era tudo o que o rei Josias precisava para unir sua gente e ocupar as terras que um dia pertenceram ao reino do norte, isto é, a Israel. Para tanto, a história gloriosa do êxodo, um Deus fiel e prometedor, uma lei austera e um general invencível (Josué) formavam poderosos elementos aglutinadores. Entretanto, se Ugarit, os hititas e a Cananeia inteira foram destruídos, não o foram por Josué, mas pelos Povos do Mar, cujas façanhas veremos à frente. Com a palavra, Finkelstein e Silberman:[21]

---

[21] FINKELSTEIN, Israel; SILBERMAN, Neil Asher. Obra citada, p. 97-9.

A INVENÇÃO DO MONOTOTEÍSMO: *Deuses feitos de palavras*

A imprecisão histórica da narrativa do Êxodo inclui o fato de não existir nenhuma menção, por nome, de nenhum monarca do Novo Império egípcio (enquanto textos bíblicos posteriores mencionam os faraós pelos seus nomes como, por exemplo, Sesac e Necau). A identificação de Ramsés II como o faraó do Êxodo resulta de suposições eruditas modernas, baseadas na identificação do nome do lugar Pi-Ramsés com Ramsés (Êxodo 1, 11; 12, 37). Mas existem alguns elos indiscutíveis com o século VII a.C. Além da vaga referência ao medo dos israelitas de seguir pela estrada da costa, não há menção dos fortes egípcios ao norte do Sinai ou das suas guarnições em Canaã. A Bíblia pode refletir a realidade do Novo império, mas também pode refletir as condições posteriores na Idade do Ferro, mais próximas da época em que a narrativa do êxodo foi escrita.

E foi isso precisamente o que o egiptólogo Donald Redford supôs. Os detalhes geográficos mais evocativos e consistentes da história do êxodo são do século VII a.C., durante a grande era de prosperidade do reino de Judá, seis séculos depois que os acontecimentos daquele episódio supostamente ocorreram. Redford mostrou, de forma precisa, como muitos detalhes da narrativa do Êxodo podem ser explicados nesse cenário, que é também o do último período imperial do Egito, sob os governantes da XXVI dinastia.

De fato, a era da dinastia saíta nos oferece um dos melhores exemplos históricos do fenômeno dos estrangeiros estabelecidos no delta do Nilo. Ao lado das colônias comerciais gregas, que ali se instalaram desde a segunda metade do século VII a.C., muitos imigrantes de Judá estavam presentes no delta, formando uma grande comunidade no começo do século VI a.C. (Jeremias 44:1; 46). Além disso, as obras públicas iniciadas nesse período se entrosaram muito bem com os detalhes do relato do êxodo. Embora um sítio chamado Pitom seja mencionado num texto do final do século XIII a.C., a mais famosa e proeminente cidade de Pitom foi construída no final do século VII a.C. Inscrições encontradas em Tell Maskhuta, no leste do delta, levaram arqueólogos a identificar esse sítio como a cidade de Pitom. Escavações ali realizadas revelaram que, exceto por uma curta ocupação na Idade do Bronze média, o lugar não foi povoado até a época da XXVI dinastia, quando uma importante cidade se desenvolveu ali. Da mesma maneira, Magdol (citada no Êxodo 14:2) é denominação popular de 'forte' na época do Novo Império, mas um específico Magdol, muito influente, é conhecido no leste do delta, no século VII a.C. Não é por coincidência que o profeta Jeremias, que viveu no final do século

VII e começo do século VI a.c., nos fala (44:1; 46:14) sobre judeus vivendo no delta, mencionando Magdol especificamente. Por fim, o nome Gessen – para a área onde os israelitas se estabeleceram no leste do delta (Gênesis 45:10) – não é nome egípcio, mas semita. Começando no século VII a.c., os árabes cedaritas se expandiram até as margens das terras do Levante e alcançaram o delta no século VI a.c. Mais tarde, no século V a.C., tornaram-se fator dominante no delta. De acordo com Redford, Gessen deriva de Geshem, nome dinástico da família real cedarita, de Cedar, filho de Ismael, que era filho de Abraão com Agar.

Assim, mais uma vez, vê-se porque ao tempo de Josias as elites de Judá escreveram o Deuteronômio, que seria a compilação do Gênesis, onde os mitos semitas, especialmente babilônicos, estão obliterados; do Êxodo, notável épico nacional, pleno de maravilhas, com Deus fazendo coisas miraculosas em prol de Israel (sem falar no realce de Josué como um comandante invencível); de Números e do Levítico, que são livros de regras de organização social. O intuito, hoje, para a maioria dos historiadores, foi o de acrisolar o povo de Judá, conferir-lhe uma identidade ímpar, um futuro de glórias e de poder, se observassem as leis de Javé.

Foi, sem dúvida, uma fantástica obra literária, um épico incomparável.

O século VII a.C. foi um tempo de grande efervescência. Pela primeira vez na história, Judá poderia exercer alguma influência política na região e acomodar-se melhor no jogo dos grandes impérios à sua volta. Os hititas, Ugarit e os reinos cananeus, depois de varridos pelos Povos do Mar, já não ostentavam o poder de antanho. A Assíria estava debilitada a ponto de retirar-se da região, e o Egito, aparentemente, estava contente com a vassalagem que Judá lhe prestava. Embora a Babilônia estivesse em formação, era imperioso para Judá incorporar os territórios do reino de Israel ao norte, de modo a reunificar todos os israelitas, mesmo que as dez

A INVENÇÃO DO MONOTOTEÍSMO: *Deuses feitos de palavras*

tribos dispersadas pela Assíria já não fossem tão grandes como antes. Existiam na Samaria e na Galileia milhares de compatriotas e um território valioso a conquistar, sem falar no desejo das elites de Judá de sacudir o jugo egípcio, dentro da Palestina.

O revival do pan-israelismo e a renovação espiritual de Judá tinham no Deuteronômio um formidável sustentáculo. Da parte do Egito, após um angustiante declínio – cujas origens mais vetustas estavam na destruição da era mercantilista do século XI a.C. pelos Povos do Mar e da ignominiosa submissão ao cruel império assírio –, o faraó Psamético I transformou novamente o país em importante *player* na política internacional da região. Com o progressivo desmoronamento do poderio assírio, obviamente o Egito preparou-se para ocupar-lhe o lugar nas regiões da Cananeia, resguardando-se dos rivais que pudessem vir da Pérsia e, principalmente, da Mesopotâmia.

Por volta de 630 a.C., o Egito ocupou a Filisteia (Egeia) e a Fenícia (Líbano atual), o antigo reino do norte (Israel) e a Palestina. Para tanto, o faraó Necau teve que bater-se com o brioso Estado de Judá e seu famoso e piedoso rei Josias, tendo saído vencedor. Aliás, Karen Armstrong se refere a esse fato relembrando o profeta Jeremias, que achava "loucura política" opor-se primeiro ao Egito, e depois à Babilônia, devendo Judá ser caudatário deles, porém preservando sua identidade política. Jeremias era também contra a tradição escrita, preferindo a tradição oral. Tinha razão. Necau derrotou Josias, e depois a Babilônia arrasou Jerusalém e levou para a terra dos dois rios o jovem rei Joaquim.

A *campanha miraculosa e mítica de Josué*

Deixemos de lado os hicsos. É possível que proto-israelitas estivessem presentes com os reis cananeus estabelecidos em Avaris, no delta leste do Nilo (na época o delta tinha sete braços). O

SACHA CALMON

episódio tem importância histórico-psicológica, ficou na memória dos cananeus em geral, inclusive dos israelitas. A expulsão do Egito e a volta à Cananeia, naturalmente tumultuada pelas rivalidades tribais e a busca de antigos territórios ancestrais, inspirou os habilidosos escribas do Deuteronômio.

Causa espanto que a "terra prometida" por Javé, o Todo-Poderoso, fosse de muita areia e pouca água, ou seja, nada promissora. Ora, os israelitas, como os demais cananeus, estavam em Canaã pela mesma razão que os chineses sempre estiveram na China: quer dizer, por determinações históricas, e não por determinações divinas. Prossigamos com os autores:[22]

> Existe indicação abundante de textos egípcios da Idade do Bronze posterior (1.550-1.150 a.C.) sobre os assuntos em Canaã, na forma de cartas diplomáticas, listas de cidades conquistadas, cenas de cercos gravadas nas paredes dos templos no Egito, anais dos reis egípcios, obras literárias e hinos. Talvez a fonte mais detalhada sobre Canaã nesse período seja provida pelas cartas de Tell el-Amarna. Esses textos representam parte da correspondência diplomática e militar do poderoso faraó Amenófis (ou Amenhotep) III e seu filho Akenaton (Akhenaton), que governaram o Egito no século XIV a.C.
>
> As quase quatrocentas tabuletas Amarna, agora espalhadas por museus do mundo inteiro, incluem cartas enviadas ao Egito por governantes de Estados poderosos, tais como os hititas da Anatólia e os da Babilônia. Mas a maioria foi enviada por governantes das cidades-estado de Canaã, que foram vassalos do Egito durante esse período. Estes remetentes incluíam os governantes das cidades de Canaã, que mais tarde ficariam famosas na Bíblia, como Jerusalém, Shechem, Megiddo, Hazor, e Lachish. Mais importantes, as cartas Amarna revelam que Canaã era uma província egípcia, firmemente controlada por administração egípcia. A capital provincial situava-se em Gaza, mas tropas egípcias estavam permanentemente estacionadas em lugares-chave por todo o país, como em Betsã, ao sul do mar da Galileia, e no porto de Jaffa (hoje parte da cidade de Tel Aviv).
>
> Na Bíblia não existe o relato de nenhum egípcio fora das fron-

---

[22] FINKELSTEIN, Israel; SILBERMAN, Neil Asher. Obra citada, p. 111-14.

A INVENÇÃO DO MONOTOTEÍSMO: *Deuses feitos de palavras*

teiras de seu país, e nenhum é mencionado nas batalhas dentro de Canaã. Mesmo assim, textos contemporâneos e achados arqueológicos indicam que eles administravam e zelavam, de forma cuidadosa, pelos assuntos do país. Os príncipes das cidades de Canaã (descritos no livro de Josué como poderosos inimigos) eram, na verdade, pateticamente fracos. Escavações mostraram que as cidades de Canaã, nesse período, não eram cidades regulares, do tipo que conhecemos na história posterior. Eram fortalezas administrativas para uma elite, abrigavam o rei, sua família e seu pequeno círculo de burocratas, com os camponeses vivendo espalhados pelas terras imediatamente vizinhas, em pequenas aldeias. A típica cidade tinha apenas um palácio, um conjunto de edificações em torno de um templo e outros poucos prédios públicos, provavelmente residências de altos funcionários, hospedarias e outros edifícios administrativos. Mas não existiam muros em torno das cidades. As formidáveis cidades canaanitas descritas nas narrativas de conquistas não eram protegidas por fortificações!

A razão aparente era que, com o Egito mantendo firme controle da segurança de toda a província, não havia necessidade de sólidas muralhas defensivas. Existia também uma razão econômica para a ausência de fortificações na maioria das cidades de Canaã. Com a imposição de pesados tributos pagos ao faraó pelos príncipes dessas cidades, os pequenos governantes locais não deviam ter os meios (ou a autoridade) para se engajar em grandes obras públicas. De fato, Canaã, na Idade do Bronze posterior, não passava de uma simples sombra da próspera sociedade que havia sido em séculos anteriores, na Idade do Bronze média. Muitas cidades foram abandonadas e outras diminuíram de tamanho, e o total da população estabelecida não poderia exceder muito além de 100 mil pessoas. Uma demonstração da pequena escala dessa sociedade é o pedido enviado pelo rei de Jerusalém ao Faraó, em uma das cartas Amarna, solicitando cinquenta homens "para proteger a terra". A minúscula escala das forças armadas naquele período é confirmada por outra carta, enviada pelo rei de Megiddo, que pede ao faraó para mandar cem soldados a fim de proteger a cidade de um ataque de seu agressivo vizinho, o rei de Shechem.

A arqueologia descobriu evidências dramáticas da extensão da própria presença egípcia em Canaã. Uma fortaleza egípcia foi escavada no sítio de Betsã, ao sul do mar da Galileia, em 1.920 d.C.; suas várias estruturas e pátios continham estátuas e monumentos com inscrições em hieróglifos, da época dos faraós Sethi (ou Seti) I (1.294-1.279 a.C.), Ramsés II (1.279-1.213 a.C.) e Ramsés III (1.184-1.153 a.C.). A antiga cidade de Megiddo, em

SACHA CALMON

Canaã, revelou indício de forte influência egípcia até a época do faraó Ramsés VI, que governou no final do século XII a.c. Isso foi muito depois da suposta conquista de Canaã pelos israelitas.

É altamente improvável que as guarnições militares egípcias em todo o país tivessem permanecido impassíveis enquanto um grupo de refugiados do Egito estivesse provocando devastação em toda a província de Canaã. E é inconcebível que a destruição pelos invasores de tantas cidades vassalas, leais, não tivesse deixado nenhum traço nos vastos registros do império egípcio. A única menção independente ao nome de Israel nesse período – a estela da vitória de Meneptah – anuncia apenas que, ao contrário, esse povo obscuro vivendo em Canaã sofrera derrota esmagadora. Nitidamente, alguma coisa não combina quando o relato bíblico, a evidência arqueológica e os registros egípcios são colocados lado a lado.

As famosas muralhas de Jericó entram agora em cena. Muralhas que nunca existiram. Trombetas de papel, produtos da imaginação.

No caso de Jericó, não havia traços de nenhum povoamento no século XIII a.c., e o antigo povoado, da Idade do Bronze anterior, datando do século XIV a.c., era pequeno e modesto, quase insignificante, e não fortificado. Também não havia nenhum sinal de destruição. Assim, a famosa cena das forças israelitas marchando ao redor da cidade murada com a Arca da Aliança, provocando o desmoronamento das poderosas muralhas pelo clangor estarrecedor de suas trombetas de guerra, era, para simplificar, uma miragem romântica.

Pequena discrepância entre a arqueologia e a Bíblia foi encontrada no sítio da antiga Hai, onde Josué armou sua inteligente emboscada, de acordo com a Bíblia. Os pesquisadores identificaram o grande cômoro de Khirbet et-Tell, situado no lado leste da área montanhosa a nordeste de Jerusalém, como o antigo sítio de Hai. Sua localização geográfica, bem a leste de Betel, combinava acuradamente com a descrição bíblica. O nome árabe moderno do lugar, et-Tell, significa "a ruína", que é mais ou menos equivalente ao significado do nome hebraico Hai. E não existe nenhum outro lugar alternativo da Idade do Bronze posterior naquela vizinhança. Entre 1.933 e 1.935, a arqueóloga judaico-palestina Judith Marquet-Krause, educada na França,

65

A INVENÇÃO DO MONOTOTEÍSMO: *Deuses feitos de palavras*

realizou uma escavação em larga escala em et-Tell e encontrou muitos remanescentes de uma imensa cidade da antiga Idade do Bronze, datada de mais de um milênio antes do colapso de Canaã, na Idade do Bronze posterior. Nenhum pedaço de cerâmica ou qualquer outra indicação de um povoamento da Idade do Bronze posterior foi encontrado. Escavações retomadas mais ou menos no ano de 1.960 produziram o mesmo quadro. Como em Jericó, lá não havia nenhum povoamento na época de sua suposta conquista pelos filhos de Israel.[23]

O que esses autores sugerem? Que as destruições fantásticas de Josué jamais existiram porque, claramente, não existiu o êxodo (2/3 da Torá) e tampouco campanha militar. Mas, então, por que a Bíblia nos parece tão convincente a dizer "tal cidade ficou tão abrasada que se pode ver até hoje os seus restos incinerados"? São os rastros das muitas destruições e guerras na Cananeia, rota de passagem dos grandes impérios. Canaã está entre o Egito, a Mesopotâmia, a Síria, a Anatólia (atual Turquia) e a Pérsia (atual Irã). Sua importância estratégica e comercial era grande, desde 1.500 anos antes de Cristo. E é essa importância que explica a devastação causada pelos Povos do Mar em tempo anterior, mas ainda próximo à suposta campanha de Josué, a ponto de os escombros serem relembrados e até vistos no tempo do rei Josias.

A Torá, ou Velho Testamento, até certo ponto, é uma coleção de escritos bastante limitada. Primeiro, não traz informações históricas de nenhum país ou região que não seja Canaã. Segundo, mistura em demasia a realidade com a fantasia. Seu foco é precipuamente Judá e, secundariamente, Israel (reino do norte). E, para entender o Velho Testamento, impõe-se o conhecimento do Oriente Próximo como um todo. É como se pretendêssemos estudar o sistema solar com informações apenas do planeta Marte.

Na verdade, a história deuteronomista apropriou-se das guerras recentes na região do fundo do Mediterrâneo (Grécia,

---

[23] FINKELSTEIN, Israel; SILBERMAN, Neil Asher. Obra citada, p. 119.

SACHA CALMON

Anatólia, Síria, Egito), para atribuir a Josué a autoria das destruições por elas causadas. Havia na região um mundo rico e próspero na passagem do segundo para o primeiro milênio a.c. que envolvia a Cananeia, e, consequentemente, os israelitas. Viviam e faziam parte desse mundo de ordem, paz, livre comércio e prosperidade, mas de modo reduzido, porque habitavam as montanhas. Em meados do século XII a.c., dois grandes impérios, fortes e poderosos, tinham fronteiras na Síria atual. Os dois exércitos, o do Egito e o hitita (raça e língua arianas), se digladiaram no Rio Orontes, em Kadesh. O rei Muwatali comandava o exército hitita, e o faraó Ramsés II, o egípcio. A batalha monumental terminou empatada, com os dois lados cantando vitória, tanto que algum tempo depois o novo rei dos hititas, Hattusilis III, e o faraó celebraram um tratado de paz, que culminou no noivado deste último com a princesa hitita. Sobre esta época, Finkelstein e Silberman, com pendores poéticos, disseram que "estamos em presença do mundo micênico, que produziu maravilhas como as cidadelas de Micenas e Tirinto" e os "opulentos palácios de Pilo e Tebas".

Segundo Finkelstein e Silberman, era o mundo que propiciou a *Ilíada* e a *Odisseia*, e as figuras de Agamenon, Helena, Príamo e Odisseu (Ulisses). Heinrich Schliemann foi quem revelou esse mundo fantástico de falantes do grego, em suas famosas escavações em Micenas e Tirinto. O poder desse mundo resultava da riqueza haurida do comércio no leste do Mar Mediterrâneo. A ilha de Chipre (Alashiya) fazia parte dessas cidades-estado, extremamente cultas e progressistas. Entretanto, o empate dos impérios que garantiam o ajustado mundo miceno foi de repente abalado por contínuas invasões de povos arianos saídos da Grécia e da península anatólica. Aquele ambiente de prosperidade em que mercadores de Creta, Chipre, Canaã (Ugarit, principalmente) e

A INVENÇÃO DO MONOTOTEÍSMO: *Deuses feitos de palavras*

Hatti frequentavam o magnífico Egito (minerador de cobre e turquesa no Sinai e no Neguev) estava chegando ao fim.

Dessa época de esplendor são os templos de Karnak e Luxor. O Egito até que logrou livrar-se dos Povos do Mar; não, porém, os seus parceiros comerciais. Os hititas, os mais fortes dentre eles, com a imensa capital Hattusas e templos magníficos escavados na rocha e elevados níveis de arte, arquitetura e literatura, foram severamente vitimados e sucumbiram. Dizem os autores do livro A *Bíblia não tinha razão*:

> O mundo da Idade do Bronze posterior caracterizou-se pelo grande poder, pela riqueza e pelo comércio ativo. O navio naufragado de Ulu Burun, agora famoso, encontrado na costa sul da Turquia, dá uma ideia da prosperidade daqueles tempos. Por volta de 1.300 a.C., um barco navegava ao longo da costa da Ásia Menor, transportando uma carga de lingotes de cobre e estanho, toras de ébano, resina de terebintina, marfim de hipopótamo e de elefante, ovos de avestruz, especiarias e outros produtos, quando afundou, provavelmente por causa de uma tempestade. Escavações submarinas dos destroços do navio e a recuperação de sua rica carga mostraram que esse pequeno barco – por certo nada excepcional para a época – percorria com regularidade as lucrativas rotas do comércio em todo o leste do Mediterrâneo, com ricos artefatos e produtos de consumo apanhados em todos os portos onde parava.

Os relatos que os autores fazem sobre os Povos do Mar são impressionantes. Cabe fazer um breve resumo.

Por volta de 1.130 a.C., já se vê na região um mundo inteiramente diferente. O Egito havia perdido seus domínios. Hatti não mais existia. Hattusas estava em ruínas. O mundo miceno apagava-se. Chipre estava inerte. Os grandes portos de Canaã, ao longo da costa do fundo do Mediterrâneo (portas do Oriente Próximo), incluindo Ugarit, mais ao norte, tinham sido reduzidos a cinzas. No interior da Cananeia, na planície costeira, cidades como Megido e Hazor eram ruínas abandonadas. Registros coletados em Ugarit e no Egito mencionam os autores de tamanha destruição como sendo os Povos do Mar. São documentos desesperados, como o de Ammurapi, o último rei de Ugarit, para o rei de Chipre: "Barcos inimigos chegaram e incendiaram as cidades. Minhas tropas estão no país hitita e meus barcos na Lícia. O país está fazendo o que pode".

Inscrições feitas por Ramsés III no templo de Medinet Habu recontam atos predadores implacáveis:

> Os países estrangeiros fizeram uma conspiração em suas ilhas. Nenhuma terra pôde resistir às suas armas. Estão vindo em direção do Egito, mas a chama foi preparada antes deles. A confederação deles vem das terras unidas da Filisteia, Tjeker, Shekelesh, Danyen e Weshesh. Eles se apoderaram de todas as terras, até as que estão no circuito final do mundo; seus corações confiantes na vitória de seus planos.

Descrições de batalhas subsequentes emolduram uma parede do templo. Uma profusão de navios egípcios e estrangeiros, com guerreiros caindo no mar e arqueiros a postos. Impressiona a aparência dos Povos do Mar e de seus diferenciados acessórios de cabeça: alguns usam capacetes com chifres; outros, imensos enfeites de plumas. Há também na parede batalhas terrestres. No final, o Egito safou-se. Ramsés III mandou escrever o epílogo das batalhas:

> Aqueles que alcançaram minha fronteira, sua semente não mais existe, seus corações e almas estão terminados para todo o sempre. Aqueles que vieram juntos no mar, a grande chama se colocou à frente. Eles foram arrastados, cercados e prostrados na praia, mortos e empilhados, dos pés às cabeças.

A tese de que os Povos do Mar eram piratas e gente de baixa extração social, engajados em ações de vandalismo, está hoje descartada. Em verdade, foi uma vaga de povos arianos bárbaros

A INVENÇÃO DO MONOTOTEÍSMO: *Deuses feitos de palavras*

que provocou o desastre. Hábeis navegantes desde as inumeráveis ilhas costeiras do Mar Egeu, eram, em linguagem figurada, os "vikings do Mediterrâneo". As táticas eram iguais: repentinos e furiosos ataques, saques e incêndios destruidores de navios, portos, armazéns e cidades. Não tinham bases fixas permanentes e viviam no mar, daí a razão da literatura antiga, descoberta nos séculos XIX e XX d.C., ter dado a conhecer o que até então se ignorava: os terríveis Povos do Mar.

Foi assim que se deu o colapso dramático das sociedades do Oriente Próximo na Idade do Bronze, e que atingiu em cheio a Cananeia. Os historiadores acham que durante mais de um século após a *razzia* dos Povos do Mar, as cidades-Estado de Canaã continuaram em constante declínio, inclusive em guerras fratricidas para controlar áreas agricultáveis e vilas campesinas. No norte, Hazor foi incendiada; na planície costeira, Afec foi aniquilada. Mais para o sul, Lachish foi incendiada e abandonada. No vale de Jezreel, o fogo destruiu Megiddo, soterrando seu palácio sob quase dois metros de escombros de tijolos. Escavadores em Lachish encontraram um fragmento de metal que levava o nome de Ramsés III, a provar que ela não foi destruída antes do reinado desse monarca nilótico (c.1.194 a 1.163 a.C.).

Relatos bíblicos dizem que os reis dessas cidades (Hazor, Afec, Lachish e Megiddo) foram vencidos por Josué, mas as evidências da arqueologia demonstram o contrário. Elas foram destruídas em épocas diferentes, mediando um século, em razão de invasões, guerras civis, colapso social. Finkelstein e Silberman discorrem sobre isso, dando continuidade à narrativa em andamento:[24]

> Em outra região do país, o povo que vivia nos contrafortes de Shephelah pode ter ficado impressionado simplesmente pelo

---

[24] FINKELSTEIN, Israel; SILBERMAN, Neil Asher. Obra citada, p. 119-32.

SACHA CALMON

tamanho de um imenso bloco de pedra fechando a entrada da misteriosa caverna perto da cidade de Makkedah. Dessa forma, histórias que relacionavam o imenso bloco de pedra com atos heroicos do seu próprio passado nebuloso podem ter aparecido: a pedra selava a caverna onde cinco reis antigos se esconderam e mais tarde foram enterrados, como é explicado em Josué 10, 16-27. De acordo com esse ponto de vista, as histórias bíblicas, que terminam com a observação de que certo ponto de referência ainda podia ser visto 'até mesmo hoje', eram talvez lendas desse tipo. Num determinado ponto, essas histórias individuais foram coletadas e relacionadas a uma única campanha de um grande líder mítico da conquista de Canaã.

[...] Portanto, não existe razão para supor que o incêndio de Hazor por forças hostis, por exemplo, nunca tenha acontecido. Mas o que era na verdade uma série caótica de insurreições, causada por muitos fatores diferentes, e também por inúmeros grupos distintos, tornou-se, muitos séculos depois, uma saga brilhantemente elaborada a respeito de uma conquista territorial sob as bênçãos e o comando direto de Deus. A produção literária dessa saga realizou-se com propósitos muito diferentes da comemoração de lendas locais; foi, como veremos, passo importante para a criação da identidade pan-israelita.

Esse quadro básico de gradual acumulação de lendas e histórias – e sua eventual incorporação numa única saga, coerente com um perfil teológico definido – foi produto daquele período extraordinariamente criativo de produção literária no reino de Judá, no século VII a.C. Talvez a pista mais impressionante de que o livro de Josué foi escrito nessa época seja a lista de cidades do território da tribo de Judá, feita com detalhes por Josué (15,21-62), e que corresponde às fronteiras do reino de Judá durante o reinado de Josias. Além disso, os nomes de lugares mencionados na lista respondem ao padrão de povoamento do século VII a.C., na mesma região; e alguns dos lugares somente foram ocupados nas décadas finais do século VII a.C.

Mas a geografia não é o único elo com a era de Josias. A ideologia da reforma religiosa e as aspirações territoriais características do período são também evidentes. Há muito tempo os eruditos bíblicos consideram o livro de Josué uma parte da chamada história deuteronomista, a compilação de sete livros de material bíblico, do Deuteronômio ao livro 2º Reis, reunido durante o reinado de Josias. A história deuteronomista retorna repetidas vezes à ideia de que toda a terra de Israel deveria ser governada pelo líder escolhido divinamente entre todo o povo de Israel, que segue, com rigor, as leis entregues por Deus no Sinai, e as adver-

71

A INVENÇÃO DO MONOTOTEÍSMO: *Deuses feitos de palavras*

tências ainda mais austeras contra a idolatria feitas por Moisés, no livro do Deuteronômio. As inflexíveis mensagens teológicas transmitidas pelo Deuteronômio, a linguagem e o estilo são encontradas em todo o livro de Josué, em particular em passagens onde as histórias de batalhas individuais estão entrelaçadas na narrativa maior. E o completo plano de batalha do livro de Josué combina muito melhor com as realidades do século VII a.C. do que com a situação da Idade do Bronze posterior.

É o rei Josias que se oculta por trás da máscara de Josué, declarando que o povo de Israel deveria permanecer inteiramente à parte da população nativa. Assim, o livro de Josué enfatiza, de modo brilhante, a mais profunda e urgente das preocupações do século VII a.C. Como veremos mais tarde, o poder desse épico iria durar ainda muito tempo depois de ter fracassado, tragicamente, o plano ambicioso e piedoso do rei Josias para reconquistar a terra de Canaã.

Noutras palavras, tanto a saga dos patriarcas como o glorioso êxodo do Egito e a fulminante campanha de Josué – quando até o sol parou milagrosamente – fazem parte do mito glorioso do "povo eleito", muito a gosto dos interesses do rei Josias (630 a.C.), quando, já não se duvida mais, a Torá foi escrita. Mas a realidade sempre atrapalha a ficção. Com a derrota de Josias, o mito caiu! Os escribas, já na Babilônia, iniciam o Deuteronômio 2, para explicar a fragorosa derrota e a destruição do templo de Jerusalém. Ao mesmo tempo, mudaram por completo o perfil de seu Deus. E o Senhor dos Exércitos, destruidor de faraós e de cananeus, irá tornar-se um Deus misterioso, acautelado, vagamente prometedor, incognoscível. As crises históricas e políticas desencadearam outra crise na personalidade de Javé. Um deus que descumpre o prometido, pondo a culpa nos destinatários da promessa, é um deus que oculta suas mentiras ou teria premonição ou não seria deus. Aliás, eram deuses pouco refinados, moral e intelectualmente falando. Eram antropomórficos, à imagem e semelhança dos homens daquele tempo.

Estudo comparatístico

Origem do Israel histórico

Dado que a maioria dos estudiosos colocou em dúvida a escravidão no Egito, de mais de 1 milhão de pessoas (segundo a Bíblia, somente de homens prestantes eram mais de 600 mil) e, também, o gigantesco êxodo de 40 anos pelo árido deserto, cabe buscar, como contraponto, a verdadeira origem do povo judaico. Não sem reafirmar que essa silenciosa e fabulosa formação de um povo no útero de outro, sem a mínima presença de Javé, não é referida em nenhuma outra fonte histórica – seja egípcia, mesopotâmica, hitita, grega ou Cananeia (o que seria mais provável), apesar de fatos históricos menores estarem referidos por documentos oficiais e comprovados pela arqueologia. Os hebreus teriam vivido no Egito, mas não há registros. Nenhum profeta fala desse período. Até Deus teria se esquecido deles, tanto que entre os patriarcas e o êxodo há um hiato de quatro séculos. De repente, Deus lembra-se deles e resolve punir o faraó, endurecendo seu coração para que retivesse "seu povo", lançando as terríveis pragas, com o assassinato de todos os primogênitos egípcios, que não tinham culpa alguma, e a morte das crias dos animais a eles pertencentes. Deus acordou furibundo, diferente da atenciosa deidade que negociou com Jacó para ser o seu Deus particular, fazendo-lhe todas as vontades.

Os judeus são naturais da Cananeia. Eram seminômades que se estabeleceram definitivamente nas regiões montanhosas entre os séculos XII e XI a.C., distantes das planícies e das cidades costeiras de Canaã.

A INVENÇÃO DO MONOTOTEÍSMO: *Deuses feitos de palavras*

Importante determinar a origem do povo judaico, tão caldeado, seja pelas enxertias dos soldados dos povos dominadores (assírios, babilônios, persas, gregos, romanos), seja pelos casamentos mistos do tempo da vida na Palestina e nos 2 mil anos que se seguiram à diáspora por melhores condições de vida. O livro de Rute bem demonstra a importância das mulheres estrangeiras como esposas. Os fundadores da nação, Moisés, Jacó, Davi, Salomão (filho de Betsabá) se casavam, tinham concubinas com mulheres de várias procedências. Grandes líderes judeus, igualmente, tomaram estrangeiras como esposas e concubinas. Isso se diz para realçar que a proibição de miscigenação decorre mais de uma cultura tardia de origem religiosa, do que propriamente de um segregado grupo étnico. Os deuteronomistas, somente eles, pregaram as uniões entre judeus com a exclusão dos gentios. Mas isso foi antes do exílio do grupo palaciano para a Babilônia.

A história dos judeus se compreende com a história de Javé em suas diversas fases, como Deus-lar (patriarcas), Deus-ausente (período de escravidão), Deus-guerreiro ou Senhor dos Exércitos (no Êxodo e em Josué), Deus-vencido (após as derrotas definitivas de Israel e Judá) e Deus-oculto, a partir de Isaías, mais fixado num Messias que estaria por vir.

A teoria dos hapirus

O antropólogo americano George Mendenhall que teve suas ideias sintetizadas por Norman Gottwald[25] sugere que os antigos israelitas não eram guerreiros experientes que atacavam de surpresa, com extrema ferocidade, característica dos assírios e dos Povos do Mar, nem tampouco nômades que se infiltravam em

---

[25] GOTTWALD, Norman K. The tribes of Yahweh. New York: Orbis Books, 1979 e MENDENHALL, G.E. *The hebrew conquest of Palestine*. Biblical Archaeologist, v. 25. 1962.

terras estrangeiras, mas simples camponeses ou hapirus, fugitivos das cidades costeiras e da planície Síria-Palestina (Canaã), gente descontente das cidades, que se estabeleceu nas regiões montanhosas despovoadas, onde criou uma identidade própria. Esses estudiosos impressionaram-se com os documentos descobertos em Tell el-Amarna, dando conta de que Canaã, na Idade do Bronze posterior, mostrava-se uma sociedade conflitiva, com as elites citadinas, controlando o comércio, a riqueza e as terras, enquanto os residentes das aldeias campesinas eram privados de quase tudo, inclusive de direitos, pagando impostos abusivos. Para eles, Israel proviria da deterioração causada pelos Povos do Mar e da decadência mercantil ocorrida na última fase da Idade do Bronze, agravadas pelos maus tratos das autoridades locais e egípcias, que tinham as cidades cananeias avassaladas. Então resolveram retirar-se para as montanhas. Seriam eles os hapirus, gentalha a viver à margem das sociedades (cidades-estado da Cananeia). Nas montanhas teriam formado sociedades mais igualitárias e fraternas. Assim teria nascido Israel.

Gottwald afiança que as ideias igualitárias, bem como o monoteísmo, derivaram do Sinai egípcio e, nesta parte, merece atenção. Os israelitas eram, declaradamente, politeístas (daí o posterior movimento "Javé sozinho"). Grupos de cananeus das montanhas que estiveram trabalhando nas obras civis e militares dos faraós teriam sido influenciados por ideias religiosas não ortodoxas, em especial, pelo monoteísmo do faraó Akhenaton, perpetuado por grupos locais onde viveu o príncipe egípcio Osarip (Moisés), casado com Zípora, filha de Jetro, o medianita, que habitava no Sinai e nas adjacências.

Israel Finkelstein e Neil Asher Silberman contestaram essas teorias, com sérios argumentos históricos e arqueológicos. Segundo eles, as grandes cidades cananeias situavam-se ao longo da planície costeira e nos vales, distantes das regiões montanho-

A INVENÇÃO DO MONOTOTEÍSMO: *Deuses feitos de palavras*

sas, cobertas de florestas (naquela época), de onde os israelitas emergiram como um grupo cananeu diferenciado. Quanto ao monoteísmo de Akhenaton e Osarip, se houve influência, foi apenas como inspiração política.

O arqueólogo Yohanan Aharoni,[26] que fez escavações na alta Galileia, descobriu que a área só foi realmente ocupada definitivamente na primeira etapa da Era do Ferro (século XII a.C.). Porém, a região central do povoamento israelita – os tradicionais territórios das tribos de Judá, Benjamin, Efraim e Manassés – foi totalmente revolvida nos anos posteriores a 1.967 e então a verdade inteira veio a ser descoberta. Vejamos o que explanaram ditos autores.[27]

> Esses levantamentos topográficos e arqueológicos revolucionaram o estudo do antigo Israel. A descoberta de remanescentes de uma densa rede de aldeias nas regiões montanhosas – todas aparentemente estabelecidas num espaço de tempo de poucas gerações – indicou que houve dramática transformação social na área central montanhosa de Canaã, por volta de 1.200 a.C. Não existem sinais de invasão violenta ou mesmo da infiltração de um grupo étnico definido. Ao contrário, parece ter sido uma revolução no estilo de vida. Das regiões montanhosas de Judá, ao sul, às colinas da Samaria, ao norte, antes com povoamento disperso, longe das cidades cananeias que estavam em processo de colapso e desintegração, cerca de 250 comunidades se instalaram repentinamente nas colinas. Esses foram os primeiros israelitas.[28]

---

[26] Yohanan Aharoni foi professor de arqueologia, presidente do Departamento de Arqueologia e Estudos do Oriente Próximo e presidente do Instituto de Arqueologia da Universidade de Tel-Aviv.

[27] FINKELSTEIN, Israel; SILBERMAN, Neil Asher. Obra citada, p. 148-53 e 165-68.

[28] Nota dos autores citados: Embora não seja possível saber se nessa época formaram-se por completo identidades étnicas, identificamos essas vilas diferenciadas nas montanhas como "israelitas", porque muitas delas foram ocupadas sem interrupção até o período das monarquias, época da qual temos fontes abundantes, bíblicas e extra bíblicas, que testemunham que esses habitantes se denominavam, intencionalmente, israelitas.

Essa tese, que nos parece correta, não descarta a conclusão de Gottwald há pouco lida, de que um grupo de israelitas esteve no Egito, pastoreando e trabalhando no delta, onde recebeu ideias monoteístas. É provável que tenham trazido para os assentamentos israelitas, simples e primitivos, a notícia do monoteísmo. Pode até ter sido uma inspiração para o movimento "Javé sozinho", cujos objetivos, entretanto, eram radicalmente políticos, quinhentos anos depois do surgimento desses assentamentos.

A economia de Canaã, em colapso, estrutura o povo hebreu

O antigo Israel surgiu por motivos econômicos e não divinos, separando-se das cidades costeiras.

As escavações de alguns sítios da curta Idade do Ferro I, descobertos durante os levantamentos, mostraram o quão surpreendentemente uniforme foi a repentina onda de assentamentos nas montanhas. A aldeia típica localizava-se em geral no topo de uma colina ou no cume de uma escarpa, com ampla vista para a paisagem ao redor. Era instalada numa área aberta, cercada por florestas naturais, repleta de árvores de carvalho e de terebintina. Em alguns casos, foram encontradas aldeias instaladas na margem de vales estreitos entre montanhas, presumivelmente para ter acesso fácil aos campos agrícolas; em vários outros, essas aldeias eram construídas na parte mais a leste das terras férteis, dando vista para o deserto, próximas de terra boa para pasto. Mas, em todos esses exemplos, as aldeias pareciam autossuficientes. Seus habitantes tiravam água de fontes vizinhas ou estocavam a água da chuva em cisternas cortadas na rocha e estocadas, para usar durante o ano inteiro. Mais surpreendente de tudo era a pequena extensão desses povoamentos. Na maioria dos casos, não mediam mais do que um único acre e abrigavam, de acordo com as estimativas, cerca de cinquenta adultos e cinquenta crianças. Mesmo os povoados maiores nas regiões montanhosas possuíam apenas 3 ou 4 acres, com população de poucas centenas de habitantes. A população inteira dessas vilas nas montanhas, no auge do processo de povoamento, por volta

A INVENÇÃO DO MONOTOTEÍSMO: *Deuses feitos de palavras*

de 1.000 a.C., não devia ser superior a 45 mil pessoas. Em contraste com a cultura das cidades cananeias e das vilas nas planícies, as das montanhas não tinham prédios públicos, palácios, depósitos ou templos. Sinais de alguma espécie sofisticada de arquivamento de registros tais como escritos, selos ou impressão de selos, eram quase inexistentes. Não havia itens de luxo: nada de cerâmicas importadas e quase nenhuma joia. De fato, as casas das aldeias eram quase do mesmo tamanho, sugerindo que a riqueza era distribuída uniformemente entre as famílias; eram construídas de rochas não talhadas, com grosseiros pilares de pedra, empilhadas para dar suporte ao telhado ou a um andar superior. O prédio comum, com cerca de 18 metros quadrados, abrigava de quatro a cinco pessoas, o tamanho de uma família nuclear. Em muitos casos, eram cavados buracos entre as casas, os quais tinham seu interior forrado com pedras para estocar grãos. Esses silos e grande número de lâminas de foices e de pedras de moer, encontrados em todas as casas, indicam que o cultivo de grãos era uma das principais preocupações dos aldeãos. Também era importante a criação de rebanhos; pátios cercados perto das casas pareciam ser usados para manter os animais em segurança durante a noite.

As facilidades da vida eram modestas. A cerâmica era básica e grosseira, sem vasos ornamentados ou muito decorados. Os objetos de uso caseiro, que incluíam muitas jarras para estocar alimentos e potes para cozinhar, davam a impressão de ser utensílios fundamentais do cotidiano; parece que as jarras eram usadas para estocar água, óleo e vinho. Quase nada se sabe a respeito de funerais, e isso talvez possa ser explicado pelo fato de os túmulos serem simples e os mortos enterrados sem maiores cerimônias. Da mesma maneira, não existe indicação de culto; altares não foram encontrados nos povoados, de modo que crenças religiosas específicas são desconhecidas. Em um caso, foi achada, num pequeno sítio no topo de uma colina, na região montanhosa do norte escavada por Amihai Mazar, da Universidade Hebraica, uma figura de touro em bronze, sugerindo a adoração religiosa das tradicionais deidades cananeias. Em outro sítio, no Monte Ebal, Adam Zertal, da Universidade de Haifa, descobriu uma estrutura incomum de pedras, que identificou como um antigo altar israelita, mas a função precisa desse sítio e de seus recintos murados é questionável.

É também digno de nota – em contraste com os relatos da Bíblia sobre conflitos permanentes entre os israelitas e seus vizinhos – o fato de as aldeias não serem fortificadas. Ou os habitantes se sentiam seguros em seus remotos povoados, ou não precisavam

Sacha Calmon

investir em defesa, ou não tinham os meios ou organização adequada para realizar tal trabalho. Nenhuma arma, como espadas ou lanças, foi desenterrada, embora esses achados sejam típicos nas cidades das planícies. Não havia sinais de incêndios ou de destruição repentina que pudesse indicar ataque violento. Uma vila da Idade do Ferro I – Izbet Sartah –, localizada nas margens ocidentais das montanhas, com vista para a planície costeira, foi quase totalmente escavada e, assim, ofereceu informação suficiente para a reconstrução confiável de sua economia de subsistência. Análise pormenorizada das escavações de Baruch Rosen, especialista israelense em produção agrícola antiga e nutrição, sugeriu que a aldeia (com população estimada de cem habitantes) possuía cerca de 800 acres de terra ao redor, dos quais 450 eram cultivados e o restante utilizado para pastagem de animais. Sob as condições do início da Idade do Ferro, aqueles campos deviam produzir mais de 53 toneladas de trigo e 21 toneladas de cevada por ano, com o auxílio de cerca de quarenta bois para arar a terra. Além disso, parece que os habitantes mantinham um rebanho de cerca de trezentos carneiros e cabras. (Observa-se, entretanto, que essa aldeia estava situada numa área fértil nos contrafortes das montanhas; mas a maioria das aldeias nas regiões montanhosas não era tão "rica"). Tudo isso demonstra que os antigos israelenses não lutavam, por exemplo, contra outros povos, mas com o terreno rochoso, as densas florestas das montanhas e o difícil e algumas vezes imprevisível meio ambiente. Assim, parecem ter vivido relativamente em paz e eram capazes de manter uma economia autossuficiente; ficavam bem isolados das tradicionais rotas comerciais e as remotas aldeias que habitavam eram distantes umas das outras; não existe indicação de nenhum tipo de comércio de produtos realizado entre as aldeias das montanhas. Não é nada surpreendente, portanto, que não haja aí indícios de estratificação social significativa, sinal de prédios administrativos públicos para funcionários, grandes residências para dignitários ou produtos especializados de artesãos altamente qualificados. Os primeiros israelitas apareceram por volta de 1.200 a.C., como pastores e agricultores nas montanhas. Sua cultura era simples e de subsistência. Isso é tudo o que sabemos. Mas de onde eles vieram?

Supostamente, muitos dos antigos israelitas eram nômades, que de forma progressiva se tornaram fazendeiros. Ainda assim, os nômades tinham que vir de algum lugar. Aqui também evidências arqueológicas recentes têm algo a dizer. Agora sabemos que a primeira ocupação das montanhas aconteceu na antiga Idade

A *invenção do monototeísmo: Deuses feitos de palavras*

do Bronze e que teve início mais de 2 mil anos antes do aparecimento do antigo Israel, por volta de 3.500 a.C. No auge dessa onda de assentamento, existiam quase cem aldeias e cidades maiores espalhadas pelas escarpas centrais da região. Passados mais de mil anos, por volta de 2.200 a.C., a maioria dos povoados nas montanhas foi abandonada, e a região se transformou novamente em área de fronteira. Então, uma segunda onda de assentamentos, mais sólida que a primeira, começou a crescer na Idade do Bronze média, logo depois do ano 2.000 a.C. Esse movimento principiou com o estabelecimento de pequenas aldeias espalhadas, que aos poucos cresceram e evoluíram numa complexa rede de cerca de 220 assentamentos, [...] Muitos dos maiores centros fortificados desse período – Hebron, Jerusalém, Betel, Silo e Shechem – iriam se transformar em importantes centros no período dos israelitas. Ainda assim, esse segundo movimento de assentados nas regiões montanhosas terminou em algum momento do século XVI a.C.

Até que ponto, indaga-se, esse período de abandono dos aldeamentos coincide com o tempo dos hicsos e com a ida dos semitas da Cananeia para terras por eles ocupadas no delta leste do Nilo, onde ficava a capital Avaris? Era uma troca muito favorável naqueles remotos tempos.

Por fim – como uma terceira onda significativa – o primeiro assentamento israelita começou por volta de 1200 a.C. Como os que o antecederam, iniciou-se com inúmeras pequenas comunidades rurais e uma população de cerca de 45 mil colonos em 250 sítios. Gradualmente, o assentamento evoluiu para um sistema maduro de grandes cidades, centros comerciais de tamanho médio e pequenas aldeias. No auge dessa onda de assentamentos, depois do estabelecimento dos reinos de Judá e de Israel, esse terceiro movimento compreendia mais de quinhentos sítios, com população estimada de 160 mil habitantes. [29]

---

[29] Os autores judeus ou de origem judaica, sob apreciação, falam em três períodos de assentamentos. Mas só o último marca a identidade israelita, numa época em que a historiografia dá por certa a existência de grupos cananeus à volta do Sinai, juntos com o príncipe monoteísta Moisés.

SACHA CALMON

Dai, o fantástico exagero da mitologia religiosa dos israelitas, falar em seiscentos mil varões que saíram do Egito, no êxodo.

Entretanto, uma diferença significativa pode ser observada nos ossos coletados em alguns sítios das regiões montanhosas, as quais continuaram sendo ocupadas nos períodos intermediários entre as maiores ondas de assentamento; o número de cabeças de gado é mínimo, mas existe excepcional quantidade de carneiros e cabras. Essa característica é semelhante à composição dos rebanhos entre os povos beduínos. Para os pastores que se ocupam apenas marginalmente com a agricultura sazonal e passam longo tempo procurando pastos frescos e verdejantes, o pesado gado bovino, de lenta movimentação, constitui problema, pois não pode andar tão rápido e para distâncias maiores, como carneiros e cabras. Assim, nos períodos de intenso assentamento nas regiões montanhosas, número maior de colonos se ocupava com a agricultura; nos períodos de crise, os colonos praticavam o pastoreio de carneiros e cabras.

Essas flutuações significativas são comuns? No Oriente Médio, as pessoas sempre tiveram o conhecimento prático e técnico de mudar rapidamente de uma vida estabelecida de aldeia para a vida pastoril nômade – ou de volta do pastoreio para a agricultura sedentária – de acordo com as condições políticas, econômicas ou mesmo climáticas do momento.

Esse padrão tem significado especial para a questão: quem foram os primeiros israelitas? Isto é, porque os dois componentes da sociedade do Oriente Médio – fazendeiros e pastores nômades – sempre mantiveram relação econômica interdependente, mesmo quando, algumas vezes, havia tensões entre os dois grupos. Os nômades precisam dos mercados de aldeias estabelecidas para obter grãos e demais produtos agrícolas, enquanto os fazendeiros são dependentes dos nômades para o suprimento regular de carne, produtos lácteos e couro. Entretanto, os dois lados da troca não são inteiramente iguais: os aldeãos podem confiar nos seus próprios produtos para sobreviver, enquanto os pastores nômades não podem sobreviver por completo com os produtos de seus rebanhos; precisam de grãos para suplementar e equilibrar sua dieta de carne, de leite e de alta taxa de gordura. Enquanto existissem aldeãos para comerciar, os nômades podiam se concentrar no pastoreio de seus rebanhos. Mas, quando o grão não podia ser obtido em troca de produtos animais, os pastores nômades se viam forçados a produzi-los, eles mesmos. Aparentemente, foi isso que provocou a repentina onda de

81

A INVENÇÃO DO MONOTOTEÍSMO: *Deuses feitos de palavras*

assentamento nas regiões montanhosas. Em Canaã, na Idade do Bronze posterior, em particular, a existência de grande população de pastores nômades em regiões montanhosas e nas margens do deserto só era possível enquanto as cidades-estado e as vilas cananeias estivessem produzindo superávit adequado de grãos para o comércio. Essa era a situação durante os três séculos de domínio egípcio sobre Canaã. Mas, quando o sistema político entrou em colapso no século XII a.C., a rede econômica parou de funcionar. É razoável assumir que os aldeões de Canaã foram forçados a se concentrar na subsistência local e não mais produziram superávit significativo de grãos, além do que lhes era necessário. Dessa maneira, os pastores das montanhas e do deserto tiveram que se adaptar às novas condições e produzir seus próprios grãos. Em breve, as exigências de atividade agrícola provocariam redução na escala das migrações sazonais. Então, os rebanhos tiveram que ser reduzidos, à medida que os períodos migratórios foram, lentamente, diminuindo, e, com cada vez mais esforços investidos na agricultura, ocorreu a mudança permanente para a vida sedentária. O processo aqui descrito é, de fato, o oposto do que está na Bíblia: a emergência do antigo Israel foi o resultado do colapso da cultura cananeia, e não a sua causa. E a maioria dos israelitas não chegou de fora de Canaã, surgiu do interior da própria região. Não houve êxodo em massa do Egito. Não houve uma violenta conquista de Canaã. A maioria das pessoas que formou o antigo Israel era a população local, as mesmas pessoas que vemos nas regiões montanhosas através das idades do Bronze e do Ferro. Os antigos israelitas eram – ironia das ironias – eles próprios, originalmente cananeus.[30]

E assim aclara-se a história das origens do povo hebreu. Causa estranheza que, num espaço de cinco gerações, uma família de nômades cananeus migrados para o Egito, impelidos pela fome, pudesse se tornar seiscentos mil homens, fora mulheres e crianças. E depois protagonizassem uma espetacular conquista militar, fato apenas mencionado na Torá e nunca em qualquer outro registro histórico. No entanto, bem sabemos, por várias fontes históricas, das grandes campanhas militares como as dos árias na Índia, dos sumérios, dos hititas, dos egípcios, assírios,

---

[30] FINKELSTEIN, Israel; SILBERMAN, Neil Asher. Obra citada, p. 160-68.

babilônios, etc. A campanha de Josué, portanto, seria apenas lendária, como agora se constata.

É preciso não esquecer que a história dos patriarcas, vagando em terras alheias, é a pré-história dos hebreus, construída *a posteriori*. O Deus de Abraão promete a seus descendentes a terra de Canaã, ocupada imemorialmente pelos semitas da Cananeia (Palestina). Para justificar o expansionismo dos hebreus, ao tempo de Josias, foram necessárias "promessas divinas", uma suposta escravidão no Egito e a teofania no Sinai. Egressos de Gósen, no delta leste do Nilo, precisavam de um "lar". Melhor ainda que esse "lar" fosse prometido por Deus. O surgimento do povo como nação, ou seja, Israel, dá-se com a reunião das tribos pastoras cananeias, moradores tradicionais das partes altas da região, os primitivos hebreus. Foi um fenômeno social causado justamente pelo colapso das cidades cananeias costeiras, e não o contrário, como nos dá a entender a campanha de Josué.

O monoteísmo na história de Israel

A supremacia da ciência na interpretação da história a partir de fortes bases epistemológicas mostra-se imensamente superior às superstições religiosas. A Bíblia, longe de ser "a verdade", é uma coleção de lendas sedutoras e poéticas. Seja lá como for, em que pese a tese hoje prevalecente a respeito das origens dos israelitas como povo identificável, ao lado de seus irmãos cananeus, todos do antiquíssimo tronco semítico, resta a questão do monoteísmo: teria ele nascido, a um só tempo, com o faraó Akhenaton e com o Príncipe egípcio do Sinai, Moisés, que era adepto das ideias do faraó? Coincidência? É preciso lembrar que o monoteísmo de Moisés é mágico, seletivo e nada racional. Predica que Deus teria aparecido a Moisés (teofania) no alto do Monte Horeb (sem que ninguém o tenha visto) e dado ao povo a

A INVENÇÃO DO MONOTOTEÍSMO: *Deuses feitos de palavras*

lei a ser seguida, sob pena de castigos crudelíssimos. Finalmente, despreza os outros deuses do panteão cananeu, pois Javé é "ciumento" e exige submissão total.

A verdade é que Javé vai se tornando único, à medida que "obrigava" os israelitas a se afastarem de outros deuses cananeus comuns. Josias precisava de um Deus só dele, para fins políticos. O monoteísmo de Jetro e Moisés influenciou os israelitas, pois muitos viviam no delta leste do Egito, como visto em Jeremias. Mas não é a causa do monoteísmo judaico, dualista pela existência de um opositor. Em verdade, os sacerdotes no século VII a.C. iniciaram o movimento "Javé sozinho", para apartá-lo das outras deidades cananeias, visando a unidade do povo e os interesses da nação. Não deu certo politicamente, mas serviu para cimentar o *ethos* judaico até os dias de hoje.

El, o Altíssimo, era o Deus supremo dos semitas cananeus, e cada grupo de tribos atribuía um deus a seu panteão (Elohim) para protegê-los. Por isso mesmo Javé, em seu processo emancipatório, é extremamente hostil com os outros deuses e tão enérgico e ciumento com seu povo, a exigir fidelidade absoluta. Com o tempo, Javé, um Deus tribal, suplantou El, seu pai, tornando-se único para seu povo, daí a aliança entre ele e os judeus, e a promessa do Sião reinando sobre todos os povos material e espiritualmente. Essa teorização dialética não invalida a tese de Jack Miles sobre a formação sincrética de Javé, que foi sendo construído pela absorção de outras deidades cananeias. Pelo contrário, a reforça. O monoteísmo incorpora as deidades do politeísmo, mantendo apenas uma deidade maléfica, com existência ativa e permanente. É Satã, o Senhor do mal.

SACHA CALMON

O monoteísmo judaico como sincretismo religioso e projeto político

O monoteísmo de Judá foi construído pela política, para fins igualmente políticos: a ascensão de Judá. Foi um fenômeno histórico-sociológico sem paralelos. Os arianos minoritários na Índia usaram a religião para imobilizar os dassas (ou dazas), conquistados nas castas inferiores controladas pelos sacerdotes/administradores, proprietários e guerreiros (castas superiores nas quais se enquadraram os conquistadores). Foi uma obra brilhante que deu certo em razão do conformismo que impuseram aos vencidos, gente diversa.

Em Judá, a pregação deuteronomista com o apoio de Josias, altamente inventiva de supostos documentos atribuídos a Javé, visava convencer o próprio povo de Judá de que teriam havido no passado feitos numinosos, sobrenaturais. Assim, se o povo de Judá, no século VII a.c., rejeitasse todos os ídolos cananeus para submeter-se a Javé, o seu futuro seria maravilhoso, sob os auspícios desse Deus invencível.

Na Índia, a imposição religiosa deu-se depois; em Judá, primeiro, e nisso residiu o erro. Judá foi derrotado pelos egípcios, que mataram o rei Josias, e depois, rompida a vassalagem à Babilônia – o que para Jeremias foi uma insensatez –, Nabucodonosor arrasou Jerusalém, destruiu o templo de Javé e levou o rei e sua Corte inteira para o cativeiro. O povo ficou disperso na zona rural. O Deuteronômio 2 atribui as derrotas a Javé, ou seja, a destruição dos reinos do norte (Israel) e do sul (Judá) pelos assírios e babilônios, por causa das iniquidades dos reis e do próprio povo – idólatra, desobediente, de cerviz dura.

A INVENÇÃO DO MONOTOTEÍSMO: *Deuses feitos de palavras*

A religião judaica, construída pelas necessidades políticas de Judá, é destituída de suporte filosófico (o motor primevo ou o demiurgo aristotélico) e baldo de esforços meditativos ou reflexão espiritualista, caso do budismo. O *monotheo* dos judeus é fusional, incorpora as qualidades das tradicionais divindades cananeias: a serenidade marcante de El, a ferocidade do Baal da guerra, a sabedoria de Asserat, e a assistência prestimosa dos deuses-lares (*numes* protetores de famílias), a emergir com naturalidade das narrativas dos patriarcas. Além de fusional, pois os modelos deuteronomistas tinham que ser mesmo os vigentes no ambiente natural e cultural do semitismo cananeu, Javé surge como um Elohim (deuses filhos de El) que suplanta os outros Elohins, seus irmãos, e toma o lugar do pai, o touro El (origem da adoração ao bezerro de ouro), temeroso de que seus fiéis continuassem no politeísmo ou, se se quiser, na idolatria. Javé queria exclusividade.

O redator deuteronomista anunciou-se inclemente, ciumento, irado e castigador. A história não registra um Deus tão iracundo e violento, com tanta intolerância. Culpou o povo com o quem fizer "aliança" (imposta a ferro e fogo) por adorar ídolos de barro, mas ele próprio mostrava-se psicologicamente humano. Justamente por isso, o *monotheo* judaico é totalmente antropomórfico, morava em tendas, tabernáculos e templos. Tinha forma e psiquê de homem. "*Ninguém poderá ver meu rosto*" disse no Sinai, pois o mortal que o visse morreria imediatamente. Nenhuma outra religião no mundo é tão belicosa e exclusivista quanto a deuteronomista. O monoteísmo judaico, portanto, tem esse cariz nacionalista, inadmissível para um Deus, como seria de se esperar. Javé cinde caprichosamente a humanidade em duas partes desiguais. Uma, imensa, que hostilizará se chegar perto dos seus, ou ignorará quando fora do contexto do seu povo (a parte infinitamente menor que teria "escolhido").

SACHA CALMON

O monoteísmo deuteronomista admite, aqui e ali, a existência de uma Corte celestial e seres sobrenaturais benfazejos (arcanjos, tronos, anjos) e malfazejos (demônios, legiões deles, comandadas por Satanás). É um monoteísmo um tanto quanto politeísta, por admitir outras potências. Neste sentido, em nada inovou o mundo que emergia do Neolítico, no alvorecer das primeiras civilizações. As religiões da Antiguidade admitiam criaturas celestiais, mas sempre imaginaram um Deus maior, criador do céu e da terra e, portanto, criador também dos seres divinos e dos seres humanos, bem como um princípio inefável, indefinível, que poderíamos chamar de "bem desejável".

Após as derrotas trágicas de Israel e Judá, a desilusão religiosa desencandeou as práticas proféticas do "fim do mundo", quando a humanidade dos bons e dos maus se encontraria com a justiça divina, castigando os ímpios. Norman Cohn[31] irá explicá-la pelo desencanto judaico, depois que Javé emudeceu e o reino prometido se esvaneceu ante os impérios dominantes. Sua herança propiciou o cristianismo, à espera da segunda vinda do Cristo no juízo final.

Extremamente erudito, Cohn faz um verdadeiro inquérito sobre as religiões do mundo antigo semítico e ariano. Um estudo sociológico e comparatístico necessário para o fim a que se propôs, ou seja, o surgimento do catastrofismo religioso pregando um julgamento ético dos homens a ser feito por Deus após o desastre final ou o fim da história prestes a acontecer, segundo o judaísmo apocalíptico e o cristianismo primitivo e. Pois não disse o Cristo que muitos da sua geração não morreriam antes que o

---

[31] COHN, Norman. *Cosmos, caos e o mundo que virá* (As origens das crenças no apocalipse). Trad. Cláudio Marcondes. São Paulo: Companhia das Letras, 1.996, p. 166-71. O autor, tendo estudado em Christ Church, Oxford, em 1.966 tornou-se professor da Universidade de Sussex e Diretor do Columbus Center.

A INVENÇÃO DO MONOTOTEÍSMO: *Deuses feitos de palavras*

Filho do homem descesse do céu, em companhia de Deus-pai? Javé, por suposto. Quem mais?

O Deus de Israel e as deidades da Cananeia

Na Cananeia, os israelitas demonstram familiaridade com os costumes da região. Aliás, foi justamente o politeísmo dos israelitas que motivou o movimento "Javé sozinho", e o duro combate para dissuadi-los da adoração dos deuses tradicionais de Canaã, passando para a adoração do seu Deus nacional (Javé), contra os demais.

Cohn nos mostra Javé surgindo nas cercanias de Ugarit:[32]

> Entre os dois grandes centros de civilização, o Egito e a Mesopotâmia, estendia-se a entidade geográfica e cultural que na Bíblia é chamada de terra de Canaã e que os historiadores atuais denominam Síria-Palestina. Abrangendo aproximadamente a área reunida do Israel moderno, da Jordânia, do Líbano e do litoral e centro da Síria. Era habitada por uma mistura de povos semíticos aos quais se costuma chamar, para o período até c. 1.200 a.C., de cananeus. De c.1200 a.C. em diante, a região também foi habitada pelo povo que conhecemos como israelitas.
>
> Também nessa região, durante séculos, os indivíduos viveram naquilo que percebiam como uma ordem estabelecida pelos deuses, uma ordem essencialmente imutável, embora sempre ameaçada pelas forças do caos. E também ali chegou uma época em que os espíritos proféticos começaram a falar de uma gloriosa consumação vindoura, quando todas as coisas seriam renovadas. Esses desenvolvimentos merecem ser examinados de maneira detalhada, pois suas consequências se fizeram sentir ao longo dos séculos, chegando mesmo aos tempos atuais.
>
> Até bem recentemente, tudo o que sabíamos da visão de mundo cananeia baseava-se nos polêmicos comentários dos profetas hebreus. Esta situação alterou-se com a descoberta, em 1929, sob uma colina conhecida como Ras Shamra, dos restos da cidade-estado de Ugarit. Situada no litoral sírio, na altura da extremidade setentrional de Chipre, Ugarit era o centro das ro-

---

[32] *Idem, ibidem*, p. 161-4.

SACHA CALMON

tas comerciais entre a Mesopotâmia, o Egito e o Mediterrâneo. Nessa metrópole, gente de todas as grandes civilizações da Idade do Bronze tardia, tanto indo-europeias como semitas, entravam em contato e trocavam ideias e histórias. Em termos estratégicos, a cidade também era importante seja para os egípcios, seja para seus rivais ocasionais, os hititas. Em consequência, Ugarit desfrutava de uma riqueza e de um prestígio excepcionais. A abundância, qualidade e variedade dos escritos encontrados nos arquivos do palácio e na biblioteca localizada entre os dois templos principais dão testemunho de uma era de prosperidade que durou de c. 1.400 a c. 1.200 a.C.

Mesmo situada além do limite setentrional da terra de Canaã, Ugarit partilhava da cultura cananeia comum das Idades do Bronze Média e Final (c. 1.700 a c. 1.200 a.C.). Politicamente, toda a área estava incluída em um contexto imperial, quase sempre o do império egípcio. A maioria das cidades-estado, grandes ou pequenas, eram reinos, e seus governantes, embora vassalos de senhores muito mais poderosos, exerciam nas próprias terras enorme autoridade e desfrutavam de grande prestígio.

No século XII a.C., a economia entrou em colapso, as aldeias foram abandonadas e as cidades-estado – não mais protegidas por um Egito que estava ele próprio enfraquecido – revelaram-se incapazes de evitar que a região fosse invadida pelos 'Povos do Mar' originários da Anatólia e das ilhas do mar Egeu. Apesar disso, a visão de mundo cananeia sobreviveu e influenciou profundamente um povo que só então estava adquirindo uma identidade: os israelitas.[33]

El, cujo nome significava 'Deus', era o Deus criador. Criador e procriador, pois supervisionava a concepção e o parto entre os seres humanos. El parece ter gerado os deuses no sentido mais literal – esta, sem dúvida, é a razão de ser chamado por vezes de 'Touro El'. Também era conhecido como 'Criador das Coisas Criadas', e há bons motivos para se pensar que – tal como An e Marduk – ele era considerado criador do céu e da terra. El tinha uma consorte, a Deusa Athirat ou Aserá, que havia participado da obra de criação. Figura um tanto vaga em Ugarit, sabe-se que Athirat foi reverenciada como divindade importante em outras partes da região. Tanto El como Athirat eram seres primordiais que sempre haviam existido.

Pai dos deuses e líder da família de deuses, El presidia a assem-

---

[33] Note-se a perfeita sintonia do autor com as teses de FINKELSTEIN e SILBERMAN, já citados.

A INVENÇÃO DO MONOTOTEÍSMO: *Deuses feitos de palavras*

bleia divina. Ele é chamado de 'rei', sendo de fato uma figura régia. Majestoso, distante, com frequência é mostrado solitário, sentado junto à 'fonte de dois regatos', significando talvez a fonte comum das águas superiores e inferiores do oceano cósmico. Aparentemente considerava-se que esta se localizava em algum ponto nas montanhas Amanus, ao norte de Ugarit. El morava ali, em um templo em forma de tenda, e era ali que a assembleia dos deuses se reunia para receber suas instruções. A tenda de El era o próprio centro do Universo imaginado pelos cananeus e deste centro El exercia seu domínio.[34]

Em seguida, vê-se como Javé é influenciado por El.

El também se preocupava com a sociedade humana. Na lenda do rei Keret, ele é chamado de pai do rei, e o papel deste como fiador e sustentáculo da justiça na comunidade é claramente um reflexo do próprio papel de El. Assim como supervisionava a ordem no Universo, também velava pela ordem na sociedade, e essa ordem incluía a justiça e a correção em todas as transações. Não por acaso El era conhecido como 'o bondoso, o compassivo' – uma designação curiosamente evocativa do 'Alá, o Misericordioso, o Compassivo' do islamismo. Mas El também era capaz de se enfurecer: as transgressões na comunidade, intencionais ou não, podiam irritá-lo – e quando isto ocorria, ele incitava as potências vizinhas a invadir e conquistar os transgressores. Para evitar tais calamidades, o rei tinha de realizar rituais de expiação e oferecer sacrifícios. Mas isso também revela o quanto se considerava que a boa ordem social era da alçada do Deus supremo.

É realmente espantoso como, a cada momento, relatos que na Torá parecem originais seriam reflexos de uma cultura comum. Essa história de El castigar as impiedades, fazendo com que as cidades-estado punissem umas às outras, é seguidamente utilizada na Torá, que tinha atrás de si milênios de cultura suméria-acadiana e semítica. Vários episódios da Torá mostram que El era mesmo o Deus maior da Cananeia. Assim como El, um

---

[34] A Arca da Aliança, a princípio, era posta sob uma tenda, na tradição mosaica – a "Tenda do Senhor". El é também o Senhor, para os hebreus. A assembleia divina tinha anjos e arcanjos.

SACHA CALMON

Deus de procriação, o Deus sem nome dos israelitas também se mete em controlador da procriação e passa a exigir como prova de pertencimento a seu protetorado a circuncisão peniana. Como El, Javé deve prover a justiça e a correção do rei e da sociedade, conforme a tradição cananeia.

> A área de povoamento mais antiga que é plausível considerar israelita remonta, de acordo com recentes pesquisas arqueológicas, ao período por volta de 1.200 a.C., quando surgiu uma centena de aldeias não fortificadas na região montanhosa, distante das cidades cananeias do litoral. Essas comunidades aldeãs eram muito pequenas e dependiam, para sua sobrevivência, da agricultura e da criação de ovelhas, bodes e, às vezes, rebanhos bovinos. Nos dois séculos seguintes, os israelitas, aparentemente organizados em tribos, ocuparam uma extensa área de Canaã – e, não obstante, as férteis regiões costeiras, com suas cidades-estado densamente povoadas, permaneceram intocadas. Por volta do ano 1000 a.C., uma combinação de fatores políticos e econômicos levou à formação de um Estado israelita centralizado e governado por um rei. Muitos estudiosos consideram este o ponto inicial da história de Israel, como narrativa crível sobre um povo claramente identificável. [35]

Queremos mostrar que o período dos patriarcas desenvolve-se segundo os costumes cananeus, e as menções a Deus reportam-se a El, o deus maior de Canaã, de seu clãs e tribos. Em Gênesis 10:8-12, reconhece-se que El era reverenciado em Canaã, bem antes de o Senhor aparecer a Abraão, prometendo-lhe que seria o pai de muitas nações, além daquela formada pelos futuros descendentes de seu filho Isac, ainda não concebido (o primeiro filho foi Ismael, depois Isac e, finalmente, outros tantos com Quetura, após a morte de Sara).

---

[35] COHN, Norman. Obra citada, p. 173-180. A interpretação de Cohn coincide, nas generalidades, com as análises dos autores que o precederam, a respeito da identidade do povo hebreu.

A INVENÇÃO DO MONOTOTEÍSMO: *Deuses feitos de palavras*

> E Cuxe gerou a Ninrode; este começou a ser poderoso na terra. E este foi poderoso caçador diante da face do Senhor; por isso se diz: Como Ninrode, poderoso caçador diante do Senhor.

O princípio do reino de Ninrode foi Babel (Babilônia), que mais tarde seria o lugar da terra onde o Senhor "confundiria" a língua comum, tornando-a várias... Depois de Babel, Ninrode também foi rei em Acade (Caldeia), Ereque e Calné, na terra de Sinear (Suméria). Acontece que a antiga civilização suméria -acadiana é semítica, ou seja, descende de Sem, e não de Jafé. Na mesma passagem, diz a Torá (Gênesis 10:11) que daquela terra saiu Ninrode para a Assíria (então inexistente!) e edificou Nínive, Reobote-Ir e Calá, que foram as capitais dos impérios assírios. Isso numa época mais próxima do período dos reinos separados – Israel, ao norte, e Judá, ao sul –, na região montanhosa da Cananeia. Os redatores deuteronomistas, no afã de glorificar o rei Josias, misturam épocas bem distantes para impressionar o populacho que, analfabeto, ouvia as leituras dos trechos da Torá pelos letrados. Note-se que a destruição de Israel, e sua capital Samaria, pelos assírios, por volta de 720 a.C., se deu há milênios depois da época de Noé, Sem, Jafé, Cuxe e Ninrode. Mas vê, as datas da Torá não são precisas.

E a confusão de épocas continua: lê-se no Deuteronômio que um deus Altíssimo, ao repartir os povos cananeus com os demais deuses em assembleia, deu a Javé "o povo de Israel".

> Quando o Altíssimo [El?] distribuía as heranças às nações, quando separava os filhos de Adão uns dos outros, estabeleceu os termos dos povos, conforme o número dos filhos de Israel, porque a porção do Senhor [Javé?] é o seu povo; Jacó é a parte da sua herança. (Deut. 32:8-9)[36]

---

[36] Bíblia de 1.969, da Sociedade Bíblica do Brasil (Velho e Novo Testamentos) e Torá, da Editora Sêfer, autorizada pelo Centro Educativo Sefaradi, em Jerusalém.

Ora, não faz o mínimo sentido estabelecer os limites dos povos, segundo os filhos de Israel, que surgiu muitos séculos depois. E Cohn nos mostra como Javé organiza o caos, tarefa comum dos deuses cananeus.

Naquele que é considerado como o mais antigo texto da Bíblia, o Cântico de Débora (Juízes 5), Yahweh aparece como um Deus da tempestade que, ao se aproximar, faz a terra tremer, o céu balançar e a chuva cair torrencialmente. Em outro hino muito antigo, aparece "cavalgando as nuvens em toda a sua glória". E o paralelismo vai muito além disto – muito além, certamente, do que se esperaria de uma obra editada com tanto rigor como a Bíblia.

Ba'al conseguiu estabelecer pela primeira vez seu domínio sobre o mundo ao subjugar as rebeldes águas cósmicas, simbolizadas por uma serpente ou um dragão. Existem salmos que mostram Yahweh subjugando ao mesmo tempo as águas e os dragões Leviatã e Raab – e estes mesmos salmos proclamam o reinado de Yahweh:

> A voz de Yahweh
> está sobre as águas;
> troveja o Deus da glória,
> Yahweh, sobre muitas águas.
> Yahweh em seu trono sobre o dilúvio;
> Yahweh em seu trono como rei para sempre.

Yahweh fora um Deus que, tal como Ba'al, precisou lutar contra as águas até que elas se submetessem à sua vontade:

> Tu dividiste o mar com o teu poder,
> quebraste as cabeças dos monstros das águas;
> tu esmagaste as cabeças do Leviatã
> dando-o como alimento às feras selvagens.

Também havia ritos régios, nos quais o rei representava Yahweh e aparentemente até sentava-se no trono divino. Sem dúvida, o relacionamento entre o Deus nacional e o rei não era menos íntimo do que em outras sociedades da região. Pela boca de Natã, o profeta da Corte, provavelmente durante o reinado de Salomão, Yahweh fez uma promessa a Davi: "A tua casa e a tua

A invenção do monototeísmo: *Deuses feitos de palavras*

realeza subsistirão para sempre diante de mim, e o teu trono se estabelecerá para sempre". Os salmos entoados no próprio templo afirmam o mesmo:[37]

> Eu jurei ao meu servo Davi:
> estabeleci tua descendência para sempre,
> de geração em geração construo
> um trono para ti.
> [...]
> Jamais vou mentir a Davi!
> Sua descendência será perpétua,
> e o seu trono é como o Sol à minha frente,
> é como a Lua, firmada para sempre,
> um verdadeiro testemunho nas nuvens.

Imagens extraídas do mito da soberania de Ba'al, que sem dúvida figuravam na ideologia real cananeia, também se encontram aqui: "Colocarei sua mão sobre o mar, e sua direita sobre os rios". Entronizado no Monte Sião, a montanha sagrada de Yahweh, junto a um templo régio onde se recitavam tais palavras, um rei da casa de Davi não tinha dúvidas de que era o representante na terra de seu Deus tutelar, o qual também era o Deus supremo.

Voltando à tese de que Javé era um Elohim (deus menor) da Corte de El, que dele se emancipou, vejamos o depoimento de Cohn a respeito:

> Pelos indícios tanto da Bíblia como da arqueologia, o politeísmo deve ter se difundido por todos os níveis da sociedade israelita, da choça do camponês ao palácio real e ao próprio templo. Evidentemente, todos concordavam que Yahweh era o Deus tutelar de Israel, e um Deus poderoso, a ser adorado com toda a devoção – muitos, entretanto, sustentavam que outros Deuses também poderiam e deveriam ser adorados. Essas pessoas não consideravam a adoração daquelas antigas divindades cananeias, Ba'al e Aserá, ou das divindades menores do séquito de Yahweh (muitas vezes chamadas de "hostes celestiais" e identi-

---

[37] Nem a realeza davídica sobreviveu; tampouco o templo, e muito menos o Leão de Judá. Os deuses do Oriente semítico eram loquazes nas promessas, como queria Josias.

94

SACHA CALMON

ficadas com as estrelas), como algo que diminuísse de alguma forma a dignidade ímpar de Yahweh. Tudo isso era bastante corriqueiro em uma sociedade do antigo Oriente Próximo.

No reino meridional, o movimento em favor de "Yahweh sozinho" parece ter se desenvolvido mais tarde do que no setentrional. É apenas no reinado de Josias (641-09 a.c.) que encontramos ali sinais inequívocos da atividade desse movimento. No início desse reinado, o profeta Sofonias aparece como seu porta-voz.[38] Talvez sob a influência de Sofonias, o movimento encontrou defensores entre os sacerdotes do templo, inclusive o sumo sacerdote Helcias ou Hilquias. Em 622 a.c., este presenteou o rei com um livro supostamente encontrado durante as obras de restauração do templo. Uma descoberta genuína ou – como parece mais provável – uma falsificação, o livro teve extraordinário impacto sobre o rei. Por toda parte, acreditava-se que seu conteúdo era idêntico ao núcleo de Deuteronômio 12-26. Seja como for, o livro levou Josias a ordenar que fossem removidos do templo todos os objetos dedicados a Ba'al, a Aserá e às "hostes celestiais", e que fossem fechados todos os santuários provinciais. Quando Josias foi morto em combate, em 609 a.c., sua reforma ainda não havia produzido nenhuma conversão em massa: estava por vir o triunfo final do movimento "Yahweh sozinho". Mas já se iniciara um processo que, no final, iria alterar radicalmente a visão de mundo israelita.

O movimento "Yahweh sozinho" pode ser entendido como uma resposta particularmente engenhosa a uma situação de permanente insegurança.[39]

Outro depoimento de peso, em prol da tese ora exposta, é o de John Bowker:[40]

Quando o Altíssimo partilhou as nações, quando dividiu os seres humanos, fixou os limites dos povos de acordo com o número de deuses; a porção do Senhor era seu próprio povo, Jacó é a sua parte.

---

[38] A maioria dos autores atribui a Josias a origem do Pentateuco e do Deuteronômio.

[39] COHN, Norman. Obra citada, p. 188-92.

[40] BOWKER, John. *Deus, uma breve história.* Trad. Kanji Editoração. São Paulo: Globo, 2.002, p. 182-3.

A INVENÇÃO DO MONOTOTEÍSMO: *Deuses feitos de palavras*

A guerra terrena travada para conquistar a terra Prometida reflete-se numa disputa celeste, uma vez que Yahvé invadiu os domínios de El, Deus Supremo, e assumiu suas funções até que, no final, eles se tornassem tão indistinguíveis que El seria um mero nome de Yahvé – Aquele que é Deus. Essa foi uma grande mudança. Anteriormente, Yahvé era apenas um dos muitos deuses inferiores a El, responsável por uma área específica, conforme descrição do Deuteronômio 32:8 (texto original). O Deus Altíssimo divide as nações do mundo de acordo com o número de deuses menores (Elohim), e deu uma nação para cada um.

Os autores dos textos posteriores e oficiais, chamados de massoretas, chocaram-se com o aparente reconhecimento de outros deuses. Tanto que chegaram a alterar a passagem para "...de acordo com o número dos filhos de Israel". No entanto, o texto original captura a antiga compreensão de modo inequívoco. O Salmo 82, no qual Yahvé denuncia os outros deuses, revela com a mesma clareza a antiga relação entre Yahvé e El. O primeiro verso parece estranho e diz literalmente, "Elohim preside a grande congregação de El, para julgar no meio dos deuses [Elohim]" (Salmo 82:1). Mas vale lembrar que esse salmo advém de um trecho do qual o nome de Yahvé foi extraído e substituído por Elohim. Assim, o verso originalmente diz: "Yahvé preside a grande congregação de El, para julgar no meio dos Elohim [outros deuses]".

A Bíblia como um todo mostra como Yahvé, além de invadir o domínio de El e de outros deuses, os suprimiu para sempre. Yahvé tornou-se, então, tudo o que os deuses podiam ser. Representar deuses em forma pictórica ou de entalhe era severamente condenado, sob acusação de idolatria – entendida como devoção não a Deus, mas a ídolos mortos e inúteis, incapazes de realizar qualquer coisa (ver, por exemplo, Salmo 115:3-8; Isaías 46).

O pertencimento de Javé, enquanto Elohim, à casa celeste de El é recorrente. O livro de Jó tem início quando os filhos de Deus estavam reunidos e por lá apareceu Satanás, a entreter com o Senhor aquela estranhíssima conversa que termina numa ainda mais estranha aposta entre os dois, para desgraça do pobre Jó, a sofrer tormentos eticamente inaceitáveis. Aliás, quem eram os filhos e quem era o Senhor nessa famosa passagem da Torá?

Se o Senhor é El, a conversa foi com ele. Se o Senhor era Javé, quem eram os seus filhos celestiais? Decerto não eram os judeus (seus filhos humanos), até porque proibidos de vê-lo. Por outro lado, a reunião era no céu, pois Satanás disse que vinha de circundar o planeta Terra. O livro de Jó nem deveria compor o cânon da Torá. É um livro que põe em xeque a justiça de Deus. Ao longo da narrativa, os redatores mostram quatro realidades: o tremendo poder de Deus; a revolta de Jó com a desrazão de suas privações; sua infinita paciência; e a prevalência do poder de Deus (inútil questionar sua justiça oculta, inexplicável). No fim, Deus dá-lhe uma nova família, mas a lembrança triste da que se foi, por um capricho da divindade, jamais deixou de acicatar a memória de Jó, um homem justo. O texto é cananeu. O objetivo do livro de Jó é desencorajar questionamentos à justiça de Deus. Basta aos mortais temê-lo, e a seu imenso e discricionário poder.

Outra passagem na Torá prova a existência de um Deus supremo, comum a toda Cananeia e seus inúmeros Elohins (deuses menores, protetores de cidades-estado e tribos nômades). O episódio diz respeito ao encontro de Abraão, cujo Deus era, na ocasião, exclusivamente dele e dos seus servos beduínos, com Melquisedeque, rei de Salém (que mais tarde viraria Jerusalém). Para alguns estudiosos, essa passagem é do tempo de Josias, e visa mostrar Jerusalém como o lugar de Deus na Terra, pois é só com Davi que os israelitas elegem Jerusalém como capital do reino e do culto. Na Torá 14:18-23, lemos: *"Melquisedeque, rei de Salém, trouxe pão e vinho; e era este sacerdote do Deus Altíssimo"*. Abençoou Abrão e disse: *"Bendito seja Abrão pelo Deus Altíssimo, o Possuidor dos céus e da terra; E bendito seja o Deus Altíssimo, que entregou os teus inimigos nas tuas mãos"* (trata-se da chamada "guerra dos cinco reis contra quatro", durante a qual o nome de Javé, como Senhor dos Exércitos, sequer foi

A INVENÇÃO DO MONOTOTEÍSMO: *Deuses feitos de palavras*

invocado).

E ao Altíssimo (El), de tudo que abocanhou como butim, Abraão deu-lhe o dízimo. Mais uma prova de que o texto é do século VII a.C. e não do remoto tempo dos patriarcas. O dízimo só foi instituído no tempo da monarquia, em favor dos levitas. O resto do diálogo apenas mostra que Abraão, o hebreu, tinha por aliado Manre, o amoreu, irmão de Escol e irmão de Aner (todos lutaram ao lado de Abraão nessa guerra de clãs). Abraão sequer era rei, mas beduíno nômade. Na época, habitava junto aos carvalhais de Manre, na Cananeia, ou Canaã. Habitava em terra alheia e partilhava a fé prestada ao Deus Altíssimo de Melquisedeque (El). O dízimo, portanto, não era para o seu Deus particular, de resto, sem nome (seus escravos diziam que ele era o Deus do nosso Senhor Abraão). Esse Deus-lar, na lógica deuteronomista, virou Javé, depois de sua explosiva aparição no Monte Horeb.

Durante a monarquia até ao rei Josias, o politeísmo foi intensamente praticado. As preces e sacrifícios iam para El, o Altíssimo, e para Javé, como um Elohim; bem como para Baal e outras deidades cananeias. Com o movimento "Javé sozinho" é que começa, de fato, o monoteísmo judaico. Por outro lado, o monoteísmo de Jetro, o medianita, sogro do príncipe egípcio Osarip (Moisés), asilado e casado com sua filha, parece mesmo ter influenciado um grupo de cananeus-israelitas das montanhas. Eles foram ao Egito pastorear e trabalhar em obras do faraó. A tradição dessa gente foi um reforço ao motor político que levou ao monoteísmo.

A gênese formativa de Javé como o Deus único de Canaã, e seu pertencimento tão somente ao povo da "cerviz dura" – que ele, no Sinai, ameaçou abandonar, sendo convencido a não fazê-lo pela lábia de Moisés – encontra na obra deuteronomista, primeiro triunfante e depois consoladora, a chave que a expli-

SACHA CALMON

ca. Depois das derrotas nacionais, o Deuteronômio 2 entra em cena. Israel será castigado e Josias poupado de ver a destruição de Judá.

E assim direis ao rei de Judá, que solicitou que inquirisse do Senhor. Assim diz o Senhor, o Deus de Israel: "Em relação às palavras que ouviste, porque teu coração foi penitente e piedoso e te humilhaste diante do Senhor, quando escutaste como eu falei contra esse lugar, e contra os seus habitantes, dizendo que eles encontrarão uma desolação e uma maldição jamais vistas, e como rasgaste as tuas roupas e choraste diante de mim, eu também te escutei, diz o Senhor. Por isso, presta atenção, eu te reunirei junto aos teus pais, e serás sepultado em paz no teu túmulo, e teus olhos não mais verão todo o mal que eu trarei a este lugar". (2 Reis 22:18-20)

As terríveis imprecações da profetiza Hulda demonstram que a glosa é exílica, faz parte do Deuteronômio 2. Se já estivesse no Deuteronômio 1, todos os esforços para agrupar os judeus em direção a um futuro grandioso guiados por Javé teriam ido por água abaixo, pois o povo saberia de antemão da derrota definitiva que extinguiu o reino.

A *mitologia judaico-cristã e outras teogonias*

No começo era o caos: a vaga matéria indescritível e indefinível, na qual se confundiam os princípios de todos os seres particulares, segundo a mitologia grega. O caos era, então, uma divindade rudimentar, porém capaz de fecundar. A noite era parte do caos. Hesíodo dá-lhe um lugar entre os titãs, porque sempre se acreditou que as trevas e a noite haviam precedidos todas as coisas. Pela palavra "éter", os gregos compreendiam os céus separados dos corpos luminosos do Universo. Significava apenas que a noite existia antes da criação, ou que a Terra estava perdida na obscuridade que a cobria, mas que a luz penetrando o éter a aclarou, fe-

99

A INVENÇÃO DO MONOTOTEÍSMO: *Deuses feitos de palavras*

cundando o caos, onde se reuniam os princípios de todas as coisas. Pela intervenção de um poder divino chamado Eros, os elementos do caos entraram em procriação. O poder de Eros era tal que ia além da natureza viva. Ele aproximava, misturava, multiplicava e fazia variar as espécies minerais, vegetais e animais. Eros era o deus da afinidade universal e coisa alguma podia furtar-se à sua força invencível, mas tinha por oposto o deus Anteros, Senhor da antipatia, da aversão e da desagregação de todos os seres. Poderoso, mas não tão forte como Eros. Não vemos aqui a epopeia descrita por Zoroastro? A hostilidade entre eles é contínua e perpétua. Deus e o demônio, em permanente tensão, mantêm a criação e também o perecimento de todos os seres no tempo, impedindo a natureza múltipla e ordenada de voltar ao caos original. O homem nascera da terra embebida de água aquecida pelos raios do sol, contendo em si todos os elementos da natureza. Quando não se sabia a origem de um vivente, dizia-se que era "filho da terra" (a sopa primeva e primordial).

A intuição antiga dos arianos e semitas inspirou o filósofo grego Heráclito a formular a dialética da evolução. Tudo se transforma em termos de tese e antítese, gerando a síntese (algo novo). Da tradição imemorial dos arianos e semitas decorrem, igualmente, as profecias e os sacrifícios (Pitonisas e Hóstias), com as quais o futuro era desvendado, os castigos prometidos e o destino descortinado. Ademais, em todas essas culturas, os animais eram sacrificados em louvor das divindades.[41]

Noutras palavras, disseram os judeus: *"No princípio, criou Deus os céus e a terra. A terra, porém, estava sem forma e vazia; havia trevas sobre a face do abismo, e o Espírito de Deus pairava por sobre as águas. Disse Deus: Haja luz; e houve luz"* (Gênesis 1:1-3). A Bíblia judaica repete a intuição e os mitos criacionistas

---

[41] *Para uma resenha completa ver a Nova mitologia grega e romana*, por Commelin P. Rio de Janeiro, Paris: H. Garnier, 1906, p. 1-3, 444.

SACHA CALMON

de arianos e semitas. Até no mundo da cultura, ideia alguma explode de repente; antes, decorre de um longo e necessário período de preparação originado em épocas anteriores. E há uma incoerência. Javé fez a luz e só depois criou o sol, a lua, o firmamento, invertendo a lógica de que a luz nos vem do sol e das estrelas do céu.

É sugestivo como todos os mitos criacionistas, anteriores ao Deuteronômio (iniciado no século VII a.c. no reinado de Josias e reelaborado no exílio na Babilônia), remetem sempre ao caos e às trevas, para sacar deles a luz da criação. E os deuses-lares, particulares, tal qual o de Abraão, estão presentes em todos os mitos e culturas precedentes. Os povos elaboraram deuses protetores para ganhar guerras e patrocinar, na paz, a justiça e o bem-estar do povo. Não é mera coincidência, mas padrão que se repete (sociologia das religiões). Até hoje não nos referimos ao "nosso anjo da guarda" ou ao "nosso santo"? Alguns dizem: "meu santo é forte". Cada lar romano, por exemplo, tinha uma chama votiva que nunca se apagava, em louvor ao nume protetor de cada família.

Segundo Cohn, os egípcios não acreditavam que o mundo havia sido criado a partir do nada: sempre existira algum tipo de matéria em essência e invisível. A criação original era imaginada como modelagem que transformara a matéria informe em um mundo ordenado.

> Muitas eram as versões do modo como isto se dera. A mais influente, do terceiro milênio a.c. em diante, estava associada aos grandes centros religiosos de Heliópolis (originalmente chamada de On), Mênfis e Hermópolis. Havia concordância quanto ao essencial. O mundo não fora modelado por um Deus existente desde sempre – o que existira desde sempre fora o caos. Muitas vezes esse caos é descrito em termos negativos: não pode ser explicado, não se assemelha a nada e é a negação do mundo presente, atual. Ele é o que existia "antes de existir o céu, antes de existir a terra, antes de existirem os homens, antes de os

A INVENÇÃO DO MONOTOTEÍSMO: *Deuses feitos de palavras*

deuses terem nascidos, antes de existir a morte". Todavia, não se concebia o caos como algo imaterial: ele era um oceano ilimitado, chamado Nun. Trevas cobriam a face do abismo, pois ainda não havia o Sol. Mas no interior do abismo escuro e líquido encontrava-se, em estado latente, a substância primeira a partir da qual seria formado o mundo. Também submerso em algum ponto dele estava o demiurgo que iria fazer essa modelagem. O demiurgo, porém, só existia enquanto potencialidade, ainda sem consciência de si e da tarefa que o esperava.[42]
Quanto ao primeiro passo da feitura do mundo, também não havia desacordo. Em determinado momento – conhecido como "a primeira época" ou "a primeira ocasião" –, uma minúscula ilha emergiu das águas: era o outeiro primordial. Esta noção sem dúvida reflete a experiência, repetida todos os anos, da inundação e refluxo do Nilo – o espetáculo de uma terra quase submersa que em seguida surge renovada das águas, coberta de solo fresco, e logo verde, repleta de criaturas vivas, fértil, pronta para o cultivo: uma gênese todos os anos. Talvez, como sugeriram alguns estudiosos, houvesse até mesmo vagas lembranças, transmitidas de uma geração a outra de camponeses, de uma época em que a maior parte do Egito era pantanosa, inundada por um Nilo que ainda não escavara seu leito, com apenas algumas ilhas dispersas elevando-se acima da superfície aquática. Seja como for, quase todos os locais de alguma importância reivindicavam ter sido construídos sobre ou em torno do outeiro primordial: Mênfis, Heliópolis, Hermópolis, Tebas, Esna, Edfu, Dendera.
Embora já existisse antes de qualquer outro deus, às vezes sendo até chamado de "pai dos deuses", o Nun não era uma força ativa. A organização e o ordenamento do mundo precisavam ser realizados pelo demiurgo. Mas o que isso implicava? Para os egípcios, isto não implicava conflito: o demiurgo não aparece nos hinos que lhe foram dedicados, lutando contra o caos e contra os monstros do caos. Seu significado é bem outro. O caos era um estado unitário, indiferenciado e o demiurgo personificava o processo de diferenciação e definição. Ao contrário do caos original, que era ilimitado, havia limites no mundo ordenado que começava a emergir com o demiurgo. Além do mais, o demiurgo trouxe luz aonde reinava a escuridão primordial – e na luz as coisas podem existir em separado. Graças ao demiurgo, a

---

[42] Aqui está a origem do ocultismo semítico, tanto o egípcio quanto o da cabala judaica, com o *zimzum*.

SACHA CALMON

unidade transformou-se em multiplicidade. Enquanto o estado original é descrito como o tempo "em que duas coisas ainda não haviam passado a existir", o demiurgo é chamado de 'O Um, que de si mesmo faz milhões'.

No interior do Nun, ele se encontrava em estado de "sonolência" ou "inércia", mas ao tomar consciência de si ele próprio se transformou. Sem ter sido gerado por nenhum pai, nem concebido por nenhuma mãe, por sua própria vontade ele se atribuiu um corpo e deu início à sua existência ativa.

Os seres humanos vivos e os mortos bem-aventurados habitavam todos o mesmo mundo – mas enquanto o domínio dos vivos sempre estava sujeito a perturbações, repleto de conflitos, o mesmo não ocorria com o reino dos mortos. Isso é dito de maneira muito bela em outra inscrição da época do Novo Império: ... a região dos mortos [...] a terra da eternidade, da justiça e da equidade, isenta de todo terror [...]. Discussões ali são abominadas e ninguém se ergue contra o companheiro. É uma terra contra a qual ninguém se rebela: todos os nossos parentes ali descansam desde o primeiro dia do tempo. Os descendentes de milhões de milhões ali chegam, cada um deles [...]. A duração das coisas terrenas é como a de um sonho, mas uma recepção justa é proporcionada àquele que alcança o Ocidente.[43]

Na Mesopotâmia caldaica, os semitas acreditavam num Deus indescritível, criador do céu e da terra, e de seres celestiais diferentes dos seres mortais.

A ordem do mundo era percebida como algo essencialmente imutável, mas, enquanto os egípcios consideravam que essa ordem havia sido determinada "no início dos tempos", na Mesopotâmia ela estava determinada por protótipos celestes. Desse modo, um templo mesopotâmico era uma réplica, não de um outeiro primordial, mas de um templo celeste – uma contrapartida terrena da moradia sublime do Deus. Enquanto tal era um vínculo entre o céu e a terra, uma afirmação do relacionamento duradouro entre as atividades terrenas e o mundo dos deuses.

---

[43] COHN, Norman. Obra citada, p. 18, 39 e 49.

A INVENÇÃO DO MONOTOTEÍSMO: *Deuses feitos de palavras*

Acrescentamos nós, não por acaso, que os israelitas formaram tardiamente sua identidade (emergiram do grupo semita radicado na Cananeia e, portanto, partilhavam as crenças semíticas comuns a toda essa ramagem étnica), construíram para o seu Deus tribal um tabernáculo sob uma tenda e depois um templo para ser sua morada neste mundo, em Jerusalém, em cima de um outeiro, como na tradição egípcia. Os da Mesopotâmia atribuíam aos reis o papel de interlocutores entre Deus e os homens. Eram julgados pelo papel de pastor do povo. Israel, enquanto foi nômade, não teve reis e quando os teve, seguiu a tradição cananeia.

> Tal como no Egito, o rei também chamava a si mesmo de "pastor": cuidava do povo em nome dos deuses, os verdadeiros senhores. E o primeiro dever do pastor real era fazer com que a justiça prevalecesse na terra.
> Ao defender seus domínios e ao conquistar novos territórios, o rei não estava apenas cumprindo a função original e mais básica da realeza, como também estava obedecendo à vontade dos deuses. Em consequência, podia ter a esperança de contar com a ajuda deles: quando desencadeava uma campanha militar, era sempre "com a força e o poder dos grandes deuses". Uma fórmula tradicional de homenagem ao governante da cidade suméria de Uruk apresenta de maneira explícita esta conexão:
> O rompedor de cabeças, o amado príncipe de An,
> Ó! Como ele inspirou medo depois que chegou!
> As tropas inimigas sumiram, dispersando-se na retaguarda,
> Seus homens incapazes de enfrentá-lo.

O "rompedor de cabeças" aparece como qualidade de Javéguerreiro nos Salmos e em algumas profecias (Habacuc). Por outro lado, os arianos, vizinhos dos semitas da Mesopotâmia, viam o Criador como o organizador do caos primordial, responsável pelo mundo organizado e suas instituições sociais. Prossegue Cohn:[44]

---

[44] COHN, Norman. Obra citada, p. 57; 81.

Sacha Calmon

Por volta de 2.000 a.c., e talvez até mesmo antes, essas tribos arianas haviam se dividido em dois povos, os indo-arianos e os iranianos. No decorrer do segundo milênio, a maior parte de ambos os povos abandonou as estepes. Seja qual for o motivo – talvez a perda das terras de pastagem devido à seca ou a geadas prolongadas, talvez a pressão do crescimento populacional –, tribos inteiras migraram, levando consigo seus rebanhos. O principal grupo de indo-arianos moveu-se pela Ásia Central e o Afeganistão, atravessou os perigosos desfiladeiros do Hindu Kush e desceu até o vale do Indo – aonde chegou em ondas sucessivas, provavelmente ao longo de vários séculos até 1.500 a.c. Na época, o vale do Indo era bastante semelhante aos vales do Nilo, do Tigre e do Eufrates, por ser de fácil aproveitamento e fertilizado por abundantes sedimentos carregados pelas cheias. E, como eles, o Indo foi um berço de civilização: escavações revelaram que as famosas cidades de Harappa e Mohenjo-Daro controlavam um império que durou no mínimo de 2.300 a 1.750 a.c. Logo depois de 1.750, algum desastre sucedeu a essa civilização rica e eficiente. Costumava-se pensar que tal desastre havia sido uma invasão indo-ariana anterior, mas hoje prevalece a opinião de que houve um terremoto forte o bastante para alterar o curso do Indo e inundar as terras cultivadas. O Rig Veda nada traz das concepções que em épocas posteriores iriam florescer com tanto vigor na Índia: vastos ciclos de tempo girando lentamente, cada época que declinava sendo seguida por um novo começo e um novo declínio, incessantemente repetidos, almas individuais passando por milhares e milhares de encarnações. Os hindus védicos viam as coisas de maneira muito diversa. Para eles, o mundo ordenado, o cosmos, não passaria por modificações: sempre imperfeito e ameaçado por forças destrutivas, mesmo assim continuaria a existir indefinidamente da maneira que era. Por outro lado, o cosmos não havia existido desde sempre, tendo sido estabelecido em determinado momento do passado. O Rig Veda contém várias passagens de como isso veio a ocorrer. Em algumas das mais famosas, é o deus Indra que domina o caos primordial e cria o mundo ordenado. Os mortos continuavam a viver no céu, onde moravam com os Pais – aqueles que haviam morrido antes deles – e com Yama, o primeiro homem e, portanto, o primeiro a morrer. Agora ele reinava, sem governar de fato, no céu. Este domínio bem-aventurado é descrito inúmeras vezes no Rig Veda: repleto de luz radiante, harmonia e júbilo. Seus habitantes alimentam-se de leite, mel e, claro, soma.

A INVENÇÃO DO MONOTOTEÍSMO: *Deuses feitos de palavras*

Os arianos aproveitaram-se das crenças na reencarnação dos dassas para impor sua dominação sobre o subcontinente, fundindo os Vedas com as religiões locais, originando o confuso e multifacetado hinduísmo místico e mítico. Usaram vários estratagemas geniais. Primeiro, ampliaram as castas, reservando para si as três mais elevadas: a dos brâmanes (sacerdotes), a dos guerreiros e a dos comerciantes proprietários. Depois, sacralizaram as vacas, porque delas o que interessava era o leite e o estrume (combustível, argamassa e adubo).

Antes de se deslocarem para a Índia, os arianos que permaneceram haviam desenvolvido a crença num Deus único e num antideus. Sempre o bem e o mal no plano cósmico, sempre o Deus bom, assediado pelo Deus mau, demoníaco. No meio das teogonias, os pobres mortais. Cohn assim explica o zoroastrismo:

> Segundo uma antiga doutrina indo-iraniana, no início havia apenas um exemplar de cada ser – uma planta, um animal, um homem. Talvez tenha sido refletindo sobre essa singularidade primordial que Zoroastro chegou à convicção de que no começo havia apenas um único Deus. E, não há dúvida, proclamou que, em alguma época do passado, Ahura Mazda, o inteiramente sábio, justo e bom, havia sido o único Deus. Ele próprio incriado, Ahura Mazda foi a causa original de tudo o que é bom no Universo, seja divino ou humano, animado ou inanimado, abstrato ou concreto – em resumo, foi ele a causa original de asha e de tudo o que está de acordo com asha. Embora no início Ahura Mazda fosse o único ser divino, não era o único ser! Os iranianos sempre haviam reconhecido a existência de um princípio que era a própria negação de asha – um princípio de falsidade ou distorção, uma força de desordem atuando incessantemente no mundo. Eles o denominavam druj, que significava "falsidade", "a mentira", e o conceito parece ter significado mais para eles do que o termo correspondente, druj, significava para os hindus védicos. Zoroastro elaborou ainda mais tal conceito: Ahura Mazda tinha um poderoso antagonista em Angra Mainyu, o espírito da destruição, do mal ativo.[45]

---

[45] O opositor de Mazda na religião hebraica é Satã, o demônio, e seu séquito infernal.

SACHA CALMON

E aqui reside mais uma versão antropomórfica do *bem* e do *mal*, sendo o homem as duas coisas, fruto de seu estágio evolutivo. No politeísmo e no monoteísmo há sempre uma deidade que patrocina o mal.

Nos Gathas, o profeta deixou em resumo disto, sua principal revelação: "Na verdade existem dois espíritos primordiais, gêmeos conhecidos por estarem em conflito. Em pensamento e palavra, em ato eles são dois: o melhor e o pior [...]". Também nos Gathas, as palavras usadas por Ahura Mazda para repudiar seu grande adversário tocam no ponto crucial: "Nem os nossos pensamentos, ensinamentos ou vontades, nem as nossas escolhas, palavras ou atos, nem o nosso eu interior ou a nossa alma estão de acordo".

Neste ponto, o zoroastrismo é superior ao mosaísmo. Não há pecado original. Nós somos dualidade, reflexo do Divino dividido. A ideia de um Espírito Santo, a atuar junto ao Deus do Bem, já surgira no zoroastrismo persa. Muitos judeus, por força de tiradas proféticas, afirmavam ser Ciro, o Messias. E Isaías foi um deles (44:28; 45:1-7).

No pensamento de Zoroastro, os espíritos gêmeos personificavam as forças que sustentavam o cosmos e as forças que tentavam solapá-lo. Originalmente, embora fossem sobre-humanos e sobrenaturais, tiveram de escolher entre os dois princípios. Ahura Mazda, de acordo com sua natureza profundamente moral, decidiu apoiar *asha*, enquanto Angra Mainyu, movido por sua perversidade moral, escolheu ficar ao lado de *druj*.
Desde o início, portanto, defrontaram-se os dois espíritos. Mas, se iriam travar uma guerra cósmica, precisavam de aliados – e, como não havia nenhum possível aliado, seria preciso criá-los. O antagonismo entre os dois espíritos começou a se exprimir de modo ativo, na criação e na contracriação.
A fim de realizar sua obra como criador, Ahura Mazda recorreu a um intermediário, um ser provavelmente derivado do Deus -artesão indo-iraniano – que aparece no Rig Veda sob o nome de Tvastr e é mencionado de passagem no Avesta. Este ser era o Spenta Mainyu, o "Espírito Santo", representante de Ahura Mazda, embora dele não se distinguisse[46].

---

[46] COHN, Norman. Obra citada, p. 109; 127.

A INVENÇÃO DO MONOTOTEÍSMO: *Deuses feitos de palavras*

Ahura Mazda é conhecido por Ahriman; Angra Mainyu por Ormuz, e Spenta Mainyu por Spentu. É preciso não esquecer que desde 500 a.c., até que viessem os gregos de Alexandre, o Grande, os israelitas estiveram na Pérsia, onde conheceram os ensinamentos zoroastrinos e a noção do Espírito Santo. Ciro, o imperador persa venceu a Babilônia e o Egito e possibilitou, ao tempo de Esdras e Neemias, a edificação do humílimo segundo templo. O terceiro será o de Herodes, o Grande, o mais majestoso de todos. O muro das lamentações, ainda hoje existente em Israel, não é do templo de Salomão, nem do segundo, é do construído por Herodes, ou seja, o terceiro templo, destruído pelos romanos. Herodes foi um potentado judeu aliado dos romanos, mas que preservava as tradições religiosas, intermediava os interesses políticos e que passou a ser "demonizado" por ter propriciado a morte de Jesus. Inventou-se que ele teria mandado matar todos os meninos judeus que tivessem até dois anos de idade, por temer um futuro rei dos judeus, da "Casa de Davi". É uma das mais ingênuas balelas do Novo Testamento. Imperava na Judeia a lei romana. Roma jamais permitiria que um sátrapa cometesse tamanho infanticídio, gerando verdadeira rebelião social em seus domínios, especialmente na Judeia.

A esta altura cabe uma observação: ao Javé poderoso se atribui quatro eventos da política internacional: a libertação de "seu povo" do Egito imperial; a destruição de Israel pela Assíria, para punir o reino do norte; a destruição de Judá, o reino do sul, também para punir "seu povo"; e a libertação dos judeus por intermédio de Ciro, rei da Pérsia, que vence a Babilônia (cessando o ciclo punitivo). Daí para frente vela-se em mistério. Ao ver seu povo dominado por gregos e romanos, torna-se um Deus de santidade, vive junto de "seu povo" sem pátria, cuida das almas, tolera as divindades alheias, zombando delas secretamente para evitar problemas. Assim sendo, a crença de que o monoteísmo judaico, com o seu Deus Supremo e sua Corte de arcanjos, tendo por opositor um ser poderoso e maligno chamado Satã seja algo original, contraria a sociologia das religiões, que é uma disciplina científica, isenta de preconceitos.

Características marcantes do monoteísmo judaico

Teocracia

Em oráculos incluídos no rolo de Joel lê-se:

> E sabereis que eu estou no meio de Israel,
> eu, Yahweh, vosso Deus, e não outro!
> [...]
> Depois disto,
> derramarei o meu espírito sobre toda carne.
> Vossos filhos e vossas filhas profetizarão,
> vossos anciãos terão sonhos,
> vossos jovens terão visões.
> Mesmo sobre os escravos e as escravas,
> naqueles dias, derramarei o meu espírito.

Mais terrível ainda é Ezequiel 30 e 39. A vida da sociedade se confundia com a vida de Javé:

> Como a terra faz brotar a sua vegetação,
> e o jardim faz germinar as suas sementes,
> assim o Senhor Yahweh faz germinar a justiça [tsedeq] e o louvor na presença de todas as nações.

Javé comanda a vida civil, institucional e religiosa, imiscuindo-se na vida cotidiana de "seu povo". Não por acaso, Israel,

A INVENÇÃO DO MONOTOTEÍSMO: *Deuses feitos de palavras*

hoje, é um Estado religioso ao invés de laico. Estado e religião continuam unidos.

Particularismo tribal

Quem tinha que ser monoteísta era o povo de Judá. Fora desse contexto, Javé não mantinha nenhum interesse pela humanidade, salvo se Israel tivesse a ganhar ou a perder. Na versão deuteronomista (fonte D da Torá), ele é um Deus que segrega divindades e povos, proclamando-se o "maior de todos". Veja-se a parte do discurso de Moisés, falando em nome de Javé (Deuteronômio feito sob medida para forçar a obediência do povo).

> Havendo-te, pois, o Senhor teu Deus introduzido na terra que, sob juramento, prometeu a teus pais, Abraão, Isac e Jacó, te daria, grandes e boas cidades, que tu não edificaste; e casas cheias de tudo o que é bom, casas que não encheste; e poços abertos, que não abriste; vinhas e olivais que não plantaste; e, quando comeres e te fartares, guarda-te, para que não esqueças o Senhor, que te tirou da terra do Egito, da casa da servidão. (6:10-2) Quando te aproximares de alguma cidade para pelejar contra ela, oferecer-lhe-ás a paz. Se a sua resposta é de paz, e te abrir as portas, todo o povo que nela se achar será sujeito a trabalhos forçados e te servirá. Porém se ela não fizer paz contigo, mas te fizer guerra, então a sitiarás. E o Senhor teu Deus a dará na tua mão; e todos os do sexo masculino que houver nela passarás ao fio da espada; mas as mulheres, as crianças, e os animais, e tudo o que houver na cidade, todo o seu despojo, tomarás para ti; e desfrutarás o despojo dos teus inimigos, que te deu o Senhor teu Deus. Assim farás a todas as cidades que estiverem mui longe de ti, que não forem das cidades destes povos. Porém, das cidades destas nações que o Senhor teu Deus te dá em herança, não deixarás com vida tudo o que tem fôlego. Antes, como te ordenou o Senhor teu Deus, destrui-las-ás totalmente: aos heteus, aos amorreus, aos cananeus, aos ferezeus, aos heveus, e aos jebuzeus, para que não vos ensinem a fazer segundo todas as suas abominações, que fizeram a seus deuses, pois pecaríeis contra o Senhor, vosso Deus. (20:10-18)

SACHA CALMON

Antropomorfismo

O Deus da Torá (na versão deuteronomista) descrê do ser criado à sua semelhança no segundo relato da criação. Tendo assumido a unicidade, tornou-se responsável pelo bem e pelo mal. Mas o mal não podia vir dele, daí a fábula do pecado original, quando a deusa Tiamat[47] transforma-se numa cobra falante e põe-se a tentar Eva, para levá-la ao "pecado" da desobediência, desgraçando a criação. O Deus deuteronomista é crudelíssimo, vingativo, tem iras profundas, afeições, enfim, comporta-se como um homem de carne e osso e age como tal. Cria o mundo, mas logo nos primórdios deixa que a criação se dane. Arrependese de ter criado o homem e extingue, por afogamento, a humanidade inteira e todos os seres vivos (dilúvio), salvando Noé e sua família (renovação noética), com alguns animais, justamente porque se arrependeu de ter decretado o fim da humanidade, como se fora um simples mortal, pleno de dúvidas, voluntarioso e pouco meditado.

A Bíblia judaica (a Torá), de inspiração deuteronomista, é um documento contraditório, a começar pelo embaraço de trazer dois relatos opostos do Gênesis. O primeiro é majestático, inspirado na tradição caldaica. Deus fez o Universo em seis dias e criou, depois de tudo, o homem – *"Homem e mulher os criou"* – segundo a sua imagem e semelhança (dotados de órgãos sexuais?). Nos mitos originais do mundo semita existiam deuses e deusas; e como o antropomorfismo era a regra, havia deuses machos (à imagem dos homens) e deusas (à imagem das mu-

---

[47] Na mitologia caldaica existe também a história do dilúvio (uma deglaciação que ficou na lembrança de muitos povos). Para os caldeus, a deusa maligna Tiamat em forma de serpente decreta o dilúvio, porém Deus salva a humanidade.

111

A INVENÇÃO DO MONOTOTEÍSMO: *Deuses feitos de palavras*

lheres). Mas o Deus do primeiro relato bíblico não fez proibição alguma ao homem ou à mulher; apenas mandou que dominassem o mundo e recomendou que fizessem sexo: *"Crescei e multiplicais-vos"*.

O segundo relato é completamente diverso. Em vez de mundo, um pequeno jardim (o Éden, lá pelas bandas do Oriente, ou seja, da Mesopotâmia). E Deus não criou a humanidade a partir de um casal. Criou só o macho e pediu-lhe para escolher uma companheira, tarefa que Adão não conseguia realizar. Então, Deus lhe arranca uma costela e com o barro da terra modela a mulher. Adão se regozija e a aceita. Está criado o primeiro casal. Mas a mulher é feita do barro da terra e da costela de Adão. Sua humanidade vem de Adão, é-lhe inferior (misoginia típica da religião deuteronomista).

O segundo relato se faz seguir de uma proibição: *"Não comerás do fruto proibido, senão morrerás!"*. Mas não explicou a razão: o fruto era venenoso? Ele é que puniria com a morte o casal? Tampouco explicou que o ato de comer o fruto proibido abriria a mente do casal indefeso, para sentir vergonha dos seus órgãos sexuais! O mal teria sido a mera desobediência? Ou comer do fruto, fazer sexo e cobrir a nudez? Ou passar a ter consciência e razão, a ponto de saber o que é bom e o que é mal? Quem causa o mal? É a mulher e a deusa Tiamat, a serpente transformista? Como é possível ao homem crescer e multiplicar-se, sem acasalamento? Como acasalar-se sem ter libido? Como sobreviver sem a noção das coisas, a consciência? Entre o primeiro e o segundo relato da criação, ou melhor, entre os dois mitos, há um abismo. O segundo relato, não o primeiro, introduz o mal no mundo e nos atribui a autoria do propalado "pecado original", para todo o sempre, de geração em geração.

Outra vez Pascal: "O homem tem que ser culpado, para que Deus seja inocente". Na verdade, o mal e o pecado são obras do monoteísmo deuteronomista (a 2ª lei). Enquanto no politeísmo o mal era atribuído a uma potência maligna e o bem a uma potência benigna, no monoteísmo Deus é único... Então o problema do mal se torna tormentoso (como conciliar a existência do mal com a ideia de um Deus sumamente bom?). O dilema era esse: o mal vem do Deus único ou do homem tentado pelo diabo? Daí a figura do maligno, Satã, o antagonista de Deus, como na teogonia dos persas com druj antagonizando Deus, orientado por Spenta Mainyu (o Espírito Santo). Esta seria a solução. Assim, o segundo relato inicia a epopeia da vida humana como uma tragédia sem fim, marcada pelo pecado, culpa e expiação.

Culpa e castigo

O mal que vem da natureza não nos pode ser atribuído: nós é que o sofremos. E o mal que vem do homem é-lhe inerente, tanto como o bem. A natureza é turbulenta, em constante evolver cósmico, em meio a choques de estrelas e galáxias. Nas águas, no ar, no solo, abaixo do solo, milhares de espécies animais devoram-se sem cessar, numa carnificina horripilante. O sangue e a morte recobrem o planeta diariamente, de modo a permitir que as espécies sobrevivam em cada um dos seus indivíduos incumbidos de procriar pela força dos instintos e, assim, garantir que sua espécie permaneça viva, selecionando os mais fortes e aptos.

Como nos imaginarmos fora desse cenário? O mal que causamos ou sofremos, o chamado mal moral, decorre de termos ciência e consciência. Para inexistir o mal o casal primevo teria que viver no seu jardim da infância eternamente como brinquedinhos de Deus. No entanto, o monoteísmo judaico nos inculca a culpa pela existência de todos os males, justifica os castigos e nos obriga a fazer sacrifícios para expiá-la, tudo por causa do "pecado original" conjugado com o "juízo final", após o apocalipse.

A INVENÇÃO DO MONOTOTEÍSMO: *Deuses feitos de palavras*

Patriarcalismo. Submissão das mulheres e misogenismo

Tal como na Grécia, a mulher no monoteísmo judaico era considerada uma simples "matriz", submetida ao homem, que poderia ter várias (poligamia). Não lhe reconhecia direitos. O direito de família e das sucessões dava-lhe irrisória importância. Podia ser repudiada à vontade do homem e lapidada em praça pública pelo crime de adultério.

Deus mandou Moisés dividir os homens em dois grupos: aqueles que serviriam no exército (Números 1:1-3) e aqueles que serviriam em atividades religiosas (Números 1:20-50; 3:5-10,14,15). As mulheres não eram recrutadas para o serviço militar nem para o sacerdócio (daí a exclusão que sofreram também no cristianismo).

Deus mandou Moisés contar os recém-nascidos meninos como pertencentes a ele, mas não incluiu as meninas de Israel (Números 3:40-45; Êxodo 13:12; 22:29). Todo varão em Israel tinha de se apresentar perante o Senhor três vezes por ano (Êxodo 23:17). Exigia-se das mulheres um período de purificação mais longo quando elas davam à luz uma menina, do que a um menino (Levítico 12:1-8). Quando prisioneiros de guerra eram trazidos para dentro da terra, deveriam ser mortos, exceto as moças virgens (Números 31:17-18). Os filhos homens deveriam receber a herança da família, e o primogênito recebia uma porção dobrada (Deuteronômio 21:16-17). O nome da família e a herança deveriam ser preservados através do varão. Se um marido morresse, a esposa deveria ter filhos com o irmão dele para perpetuar a família e preservar o nome do falecido (Deuteronômio 25:5-10). Os antigos judeus iniciavam o dia com a oração matinal, em que davam graças a Deus por não tê-los feito mulher.

Escravatura

O Deus de Israel admitia, com naturalidade, a escravidão de homens, mulheres e crianças. Admitia a desigualdade. Não lhes reconhecia direitos.

Justiça rudimentar

A Torá contém um sistema jurídico pouco evoluído, tanto o direito substantivo quanto o processual, se comparado com o anterior código babilônico de Hamurabi, fruto de uma civilização urbana, muito mais antiga, com leis civis, comerciais, de família e sucessões mais desenvolvidas. No episódio em que Jesus contesta o repúdio das mulheres, lança crítica acerba ao mosaísmo, a revelar a rudeza beduína dos seus ancestrais: *"Assim era por causa da dureza de vossos corações"*. Contra a lapidação revoltou-se com a injustiça e a desigualdade da norma mosaica, com a célebre frase: *"Atire a primeira pedra aquele que nunca pecou"*.

Há um episódio bíblico que demonstra de modo exemplar o lado rudimentar do seu sistema legal semitribal. No Livro dos Juízes (Cap. 19) vemos um dos mais violentos episódios da Bíblia. Um levita da tribo de Efraim, que viajava por território próximo da tribo de Benjamin com sua concubina, é recebido como hóspede de outro efraimita que por lá morava. Os benjaminitas, como os de Sodoma, dizem: *"Traze para fora o homem que entrou em tua casa, para que abusemos dele"*. Como na ocasião anterior, o dono da casa oferece aos agressores sua filha e sua própria concubina. Os benjaminitas recusam. O visitante entrega a sua concubina, e os benjaminitas passam a noite abusando dela até a morte.

> Ao romper da manhã, vindo a mulher, caiu à porta da casa do homem, onde estava o seu senhor, e ali ficou até que se fez dia

A INVENÇÃO DO MONOTOTEÍSMO: *Deuses feitos de palavras*

claro. Levantando-se pela manhã o seu senhor, abriu as portas da casa e, saindo a seguir o seu caminho, eis que a mulher, sua concubina, jazia à porta da casa, com as mãos sobre o limiar. Ele lhe disse: "Levanta-te, e vamos", porém ela não respondeu. (19:26-8)

A reação do dono da mulher foi cortá-la em pedaços e enviá-los às tribos de Israel, exceto, é claro, a de Benjamin. Miles é brilhante e comedido no comentário que faz do incidente:

As tribos então se juntam e marcham contra Benjamin, matando todos os homens, mulheres, crianças e animais da tribo e queimando todas as suas cidades. Os únicos sobreviventes benjaminitas são uns poucos soldados. Depois, os outros israelitas dão-se conta, lamentosamente, de que seu voto – parte de sua represália contra Benjamin – de não permitir que nenhuma de suas filhas despose benjaminitas significa que essa tribo deve agora morrer, a menos que achem uma solução. E acham: percebem que uma cidade israelita, Jabes-Gileade, não se juntou à ação comum contra Benjamin, e mandam um exército para matar todos os seus habitantes, inclusive as mulheres e meninos, poupando apenas as meninas virgens. Essas virgens são trazidas para o altar de Silo, e os sobreviventes benjaminitas são informados de que durante os festejos de uma data religiosa vindoura, poderão capturar e violar as moças impunemente, preservando assim, sua tribo como uma das doze[48].

A concubina do visitante foi violentada até a morte. Quanto à solução para não deixar perecer a tribo de Benjamin, foi, no mínimo, crudelíssima, disparatada, a não ser pela ótica do tribalismo hebreu. A vingança contra homens, mulheres e crianças, que não tinham responsabilidade direta no estupro seguido de morte, revelam uma "justiça" pré-civilizada. Jabes-Gileade, a única cidade que recusou o genocídio indiscriminado de todos os da tribo de Benjamin, porque nem todos eram culpados, é punida

---

[48] MILES, Jack. *Deus*: uma biografia. Trad. José Rubens Siqueira. São Paulo: Companhia das Letras, 1.997, p. 186.

e suas meninas virgens são dadas aos poucos homens da tribo castigada. Muitos sacerdotes alegam que Javé não participou do evento. Historiadores bíblicos dizem que tal episódio é da Fonte *J*, para denegrir as tribos do norte. Nada importa, o evento está na Torá, que, segundo os crentes, é a palavra de Deus! Mesmo depois do período em que os judeus viveram em Estados, o hábito da vingança e do butim perdurou em razão do *ethos* sanguinolento impresso pelos redatores deuteronomistas à Torá.

No Livro de Ester há outro exemplo de mortes e vingança, ausente o espírito compassivo. Assuero quer uma nova esposa e agrada-se de Ester, órfã adotada por seu primo Mordecai. Ela torna-se rainha da Pérsia e do império. Hamã, conselheiro do rei, quer tomar os bens dos judeus, sempre operosos. E Hamã disse ao rei Assuero:

> Existe espalhado e disperso entre os povos em todas as províncias do teu reino um povo cujas leis são diferentes das leis de todos os povos, e que não cumprem as leis do rei; pelo que não convém ao rei tolerá-lo". E emenda: "Se bem parecer ao rei, decrete-se que seja destruído; e eu pagarei dez mil talentos de prata aos encarregados dos negócios do rei, para os recolherem ao tesouro do rei. (Ester, 3:8-9)

Reza a Torá em Ester, 4:1-3:

> Quando Mordecai soube tudo quanto se havia passado, rasgou as suas vestes, vestiu-se de saco e de cinza, e saiu pelo meio da cidade, clamando com grande e amargo clamor;
> Em todas as províncias aonde chegava a ordem do rei, e o seu decreto, havia entre os judeus grande pranto, com jejum, e choro, e lamentação; e muitos se deitavam em saco e em cinza. (Ester, 4:1-3)

Ester se esquiva e teme ir ao rei sem ter sido chamada, mas Mordecai a estimula:

A INVENÇÃO DO MONOTOTEÍSMO: *Deuses feitos de palavras*

> Não imagines que, por estares na casa do rei, só tu escaparás. Se te calares agora, de outra parte se levantará para os judeus socorro e livramento, mas tu e a casa de teu pai perecereis, quem sabe se para tal conjuntura é que fostes elevada a rainha? (Ester, 4:12-14)

Ester assume o risco. Alerta o rei de que Hamã está planejando a execução pública de Mordecai (que, certa feita, já alertara o rei de um plano de assassinato). Ester intercede pelos judeus, que são de sua raça. Apaixonado por ela, o rei dá a fortuna de Hamã a Mordecai e o executa no cadafalso (o mesmo preparado por Hamã para Mordecai). Ester pede e o rei decreta um dia de imunidade aos judeus que quisessem vingança de seus inimigos.

> Nestas cartas o rei concedia aos judeus que havia em cada cidade que se reunissem e se dispusessem para defenderem as suas vidas, e para destruírem, matarem, exterminarem todas as forças do povo e da província que os quisessem assaltar, juntamente com os seus pequeninos e as suas mulheres, e que saqueassem os seus bens, num mesmo dia, em todas as províncias do rei Assuero, do dia treze do duodécimo mês, que é o mês de adar. E uma cópia da carta, que seria divulgada como decreto em todas as províncias, foi publicada entre todos os povos, para que os judeus estivessem preparados para aquele dia, a fim de se vingarem de seus inimigos. (Ester 8:11-13)

Ester vai além, e pede mais um dia para as matanças. Então os judeus mataram 75 mil pessoas, e fizeram com seus inimigos o que bem quiseram. Daí os dois dias em que os judeus festejam todos os anos a festa do Purim. Alguns estudiosos entendem que a festa do Purim é profana desde a Babilônia, e que o episódio de Hamã não é histórico (a violência deuteronômica, em grande parte, seria pura bazófia).

SACHA CALMON

Fim do mundo e juízo final

Embora tardiamente, o judaísmo adota o apocalipse, a última revelação, o fim dos tempos, o aparecimento triunfante de Javé, até então oculto e, finalmente, o julgamento das almas, misturando religião, ética e direito, quando seremos destinados ao céu ou ao inferno. Embora Javé tenha se autoproclamado Deus apenas de Israel, o judaísmo é a única religião antiga, que põe fim ao mundo, aos homens e à história. Deus resolveu destruir o mundo com um dilúvio, mas arrepende-se de ter decretado o afogamento de todos os seres vivos e salva a família de Noé e alguns bichos. Depois, proclama solenemente que nunca mais atentaria contra a humanidade. Por isso, o apocalipse vem a ser uma revogação sumária dessa promessa, acrescida agora do juízo final de todos os homens, destinados ao céu ou ao inferno. Os apocalipses judaicos são delirantes. Interessa-nos comentar o previsto por Daniel, pois esse livro é exaltado pelo cristianismo, junto com os Cantos do Servo de Isaías 2, — os dois únicos lugares do Velho Testamento que anunciariam Jesus como um Messias (contra todos os exegetas do judaísmo). Mas o apocalipse é fruto do desencanto judaico, ao constatar o adiamento das promessas de Javé e as seguidas submissões do povo judeu a sucessivos impérios. Segundo Cohn:

> Os escritos mais antigos a que os estudiosos modernos atribuíram o rótulo de 'apocalipses judaicos' foram produzidos na Palestina nos séculos III e II a.C. São obras difíceis, repletas de uma erudição estranha e de um simbolismo complexo[49].

---

[49] COHN, Norman. *Cosmos, caos e o mundo que virá* (As origens das crenças no apocalipse). Trad. Cláudio Marcondes. São Paulo: Companhia das Letras, 1996, pp. 215, 217, 226, 227.

A INVENÇÃO DO MONOTOTEÍSMO: *Deuses feitos de palavras*

O termo grego *apokalypsis* significa 'desvelamento', 'descobrimento' — e a característica de todos os apocalipses é o desvendamento aos seres humanos de "segredos ocultos". As revelações que seus autores teriam recebido de Javé ou dos anjos, mormente de Gabriel, eram muito diversas daquelas recebidas pelos profetas bíblicos. Não há, nos apocalipses, a sugestão de que os seres humanos possam, por sua obediência ou desobediência, alterar acontecimentos futuros. Na verdade, eles já estariam determinados. Ao contrário da profecia clássica, haverá um julgamento final. Haverá uma vida após a morte na qual os seres humanos, inclusive os mortos ressurrectos, irão receber as recompensas ou as punições justas. E se alguns serão transformados em anjos, outros serão condenados a expiar suas culpas.

No judaísmo clássico era diferente. Para os saduceus inexistiam ressureições. Mas, segundo os fariseus, os justos iriam para o céu e os maus ficariam para sempre mortos. E é o próprio Javé quem entrega a soberania eterna sobre o mundo a "um como Filho do Homem".

O que devemos concluir a respeito de 'um como Filho de Homem' que surge 'vindo sobre as nuvens do céu'? Embora a frase em si não signifique nada além de 'alguém semelhante a um ser humano', 'alguém com aparência humana', a figura do sonho de Daniel tem sido objeto de infindáveis discussões. Alguns dizem que esse ser humano é uma personagem histórica: Moisés, Judas Macabeu ou o próprio Daniel.

Os apocalipses possuem explicação intuitiva: quando já se sabe que Javé emudeceu e não mais patrocina êxodos, conquistas, libertações e não podem os judeus vencer mais ninguém, que se acabe o mundo e venha a esse povo o reino prometido do Sião sob os auspícios de Deus. Essa é a lógica dos apocalipses.

Também o cristianismo inventará seu apocalipse. E João atribuirá a Jesus o nome de "filho do homem" que virá à direita do pai, por ocasião do juízo final. Tudo indica que a introdução do termo "filho do homem" nos Evangelhos ocorreu cerca de 100 anos após a sua morte. Os Evangelhos se adaptaram ao livro de Daniel.

Monoteísmo judaico e ética

Desde o assassinato primordial de Abel e a imunidade dada a Caim – por força das limitações do Deuteronômio – não há na Torá uma ética rigorosa. A sapiência e a compaixão judaicas vêm do rabinato e, das lições de Jesus, contemporâneo de rabinos que faziam do amor e da caridade virtudes cardeais.

Dizem os desavisados que o monoteísmo judaico e, depois, o monoteísmo cristão e islâmico introduziram no mundo a responsabilidade ética. No tocante à ética jurídica vimos quão tribal é o seu conteúdo. E qual seria a revolução ética do judaísmo e da Torá? Que estupenda diferença introduziu na história dos homens?

Um Deus irrompe narcisicamente, e se revela a parcela mínima da humanidade, como o Deus sem nome de Abraão ou Javé de Moisés. Ele se dispõe a celebrar "contratos" com os homens. E lhes dá códigos jurídicos que devem ser cumpridos sob pena de castigos. A responsabilidade por tudo de ruim que vier a acontecer, doravante passa a ser debitada aos "pecados do homem transgressor" (idêntica à tese e às técnicas normativas do Direito). O pecado é o ilícito; o crime, a falta. Cada homem tem seu drama pessoal com o Criador. Crime e castigo, deveres a serem obedecidos, sempre estiveram presentes nos códigos legais dos povos do Neolítico. Por último, é a única teogonia que põe fim ao mundo e preconiza um inútil "juízo final" coletivo para todas as gerações, embora Javé seja Deus apenas dos judeus, segundo a Torá. O que seria um paradoxo para os demais povos dos confins da Terra, que sequer souberam de sua existência.

Neojudaísmo rabínico e nascimento do cristianismo

O judaísmo construído após a destruição do templo de Herodes e da diáspora

Por volta dos anos 80 depois de Cristo, os judeus tinham perdido o seu principal símbolo: o templo de Jerusalém, a eterna morada de Javé no Monte Sião, centro do Universo. O pior não demorou a chegar. Com a destruição de Jerusalém pelos romanos meio século depois, perderam os judeus a esperança na iminente chegada do Messias redentor no Monte Sião, como profetizado por Daniel, a surgir glorioso em meio ao apocalipse, pondo fim à história para inaugurar o reino celestial, elevando Javé (para os judeus) ou Cristo (para os cristãos) como o julgador dos pios e ímpios.

Essas perdas foram catastróficas:

1) A destruição definitiva do terceiro templo, erguido por Herodes, apressou dolorosas revisões religiosas. Para os judeus, o lugar do templo foi ocupado pela Torá ou Tanach; e, para os cristãos, pelo corpo místico de Cristo, mediante formidável esforço exegético;

2) A vinda iminente do Messias foi revogada com a destruição física de Jerusalém. E o apoteótico chegou, destruindo o mundo judaico e não seus inimigos;

3) Perdendo o território e a unidade, restou-lhes apenas a lei (religião e lei se entrelaçam).

A destruição do templo foi seguida pela destruição da crença imediatista – que se tornou atemporal – do juízo final. Para completar, o povo judeu, vassalo, foi definitivamente derrotado e o reino davídico passou para o plano espiritual. Os judeus foram proibidos de cultuar seu Deus; no lugar os romanos construíram uma cidade chamada de Aelia Capitolina.

Roma e a *pax romana* pareciam imutáveis. Os judeus se dispersaram: Egito, Pérsia, Mesopotâmia, Anatólia, Grécia, norte da África e até Roma. Como se mantiveram unidos os judeus cristãos? E os judeus da Torá? Ora, pela exegese, literal ou alegórica da Bíblia (a Torá, acrescida dos Evangelhos).

Toda interpretação jurídica parte da literalidade do texto para incorporar ao processo hermenêutico, a história, o "espírito oculto" da lei, o elemento sistemático, pois a lei deve levar em conta a totalidade do ordenamento; e, finalmente, o elemento teleológico que desvela os fins que as normas querem atingir. Como as religiões reveladas são sistemas normativos, a ponto de gerarem, de imediato, códigos jurídicos a serem observados pelos seus seguidores, não deve causar espanto o fato de a hermenêutica religiosa judaico-cristã seguir os passos das técnicas de interpretação seculares do Direito.

Como os rabinos, os padres cristãos e, bem mais tarde, os pastores protestantes, adotaram, de acordo com as circunstâncias e, às vezes, conflitantemente, as seguintes exegeses (interpretação dos textos bíblicos): a) a exegese literal; b) a exegese sistemática; c) a exegese histórica (tempo e lugar) e; d) a exegese teleológica.

Karen Armstrong no livro *A Bíblia: uma biografia* nos fornecerá as informações necessárias sobre a hermenêutica jurídica do "sagrado". Não há texto melhor, ao que sei. Ela começa por distinguir o escrito e o seu significado (interpretação de texto ou tradição oral). Ao longo da história, a hermenêutica judaico-cristã variou entre a exegese literal, a sistemática, a histórica e a finalística ou teleológica, tal e qual sempre fizeram os intérpretes do direito.

A INVENÇÃO DO MONOTOTEÍSMO: *Deuses feitos de palavras*

Judeus e cristãos tratam suas Escrituras com reverência cerimonial. O rolo da Torá é o objeto mais sagrado na sinagoga; encerrado numa capa preciosa, guardado numa "arca", é revelado no clímax da liturgia, quando o rolo é transportado formalmente em meio à congregação, que o toca com as borlas de seus xales de oração. Alguns judeus até dançam com o rolo, abraçando-o como a um objeto amado. Católicos também carregam a Bíblia em procissão, cobrem-na de incenso e ficam de pé quando ela é recitada, fazendo o sinal da cruz sobre a testa, os lábios e o coração. Nas comunidades protestantes, a leitura da Bíblia é o ponto alto do serviço[50].

Mas havia outra maneira de interpretar a Torá com qualidade, à moda culta dos gregos. Fílon o fez se desprendendo da literalidade da Septuaginta em favor do "espírito oculto" da lei. Continua Armstrong:

Alegoria era um termo usado por retóricos para descrever um discurso que significava algo diferente de seu significado superficial. Fílon preferiu chamar seu método de hyponoia, "pensamento mais elevado/mais profundo", porque ele tentava alcançar um nível mais fundamental de verdade. Gostava também de falar de sua exegese como uma "conversão" tanto do texto quanto do intérprete. O texto devia ser 'virado ao contrário' (Trepain).51 Quando lutava com um trecho obscuro de um escrito, o intérprete tinha, por assim dizer, que o torcer para lá e para cá, levando-o para mais perto da luz, de modo a enxergá-lo mais claramente. Às vezes tinha de mudar sua própria posição para postar-se corretamente em relação ao texto e "mudar de ideia"[52].
Trepain revelava muitos níveis diferentes de uma história, mas Fílon insistiu que o exegeta devia encontrar um fio central que perpassava todas as suas leituras. Ele escreveu quatro teses sobre a história de Caim e Abel numa tentativa de descobrir sua significação filosófica subjacente. Afinal, concluiu que o tema prin-

---

[50] ARMSTRONG, Karen. A *Bíblia*: uma biografia. Trad. Maria Luiza X. e A. Borges. Rio de Janeiro: Zahar, 2008, p. 9-10.
[51] BRUNS, 'Midrash and Allegory', p. 638-9.
[52] Notas da autora citada. FÍLON, The Life of Moses, in *Philo*, trad. F. H. Colson, Cambridge, MA, 1950, 6:476.

SACHA CALMON

cipal era a batalha entre o amor a si mesmo e o amor a Deus. "Caim" significava "possessão". Caim queria guardar tudo para si mesmo, e seu principal objetivo era servir aos próprios interesses. "Abel" significava "Aquele que atribui tudo a Deus". Essas qualidades estavam presentes em cada indivíduo e encontravam-se constantemente em guerra dentro dele.[53]

Fílon[54] estabeleceu a distinção muitíssimo importante entre a ousia de Deus, sua essência, que era inteiramente incompreensível para seres humanos, e suas atividades (energeiaei) e poderes (dynameis), que podemos apreender no mundo. Não havia nada sobre a ousia de Deus na Escritura; lemos somente sobre seus "poderes", um dos quais era a Palavra ou Logos de Deus, o projeto racional que estrutura o Universo.[55]

Nunca será demais dizer que o cristianismo, no começo, era uma revisão do judaísmo sem se desatrelar dele.

Fica provada aqui que a escola exegética substancialista usa a literalidade dos "ditos" e dos "escritos" para justificar "um fim", de tal modo que os seus valores e suas normas saiam "prestigiados" por outras normas anteriores do sistema (autopoiese).

Bloom e muitos outros autores têm razão quanto à "apropriação" do judaísmo do segundo templo (Isaías 2) e de Daniel (o judaísmo polimorfo) pelos cristãos.

João foi do círculo de discípulos de Paulo, mas foi além do mestre por duas razões: a) a destruição da cidade de Jerusalém (já destruído o templo) a mostrar a decadência de Israel e de seu sonho davídico e; b) a necessidade de criar um Javé renovado em Cristo, dito Nosso Senhor, a abraçar a humanidade inteira, agora sob o domínio de Roma e ansiosa por uma iminente redenção. João dá sobrevida a Javé, em Cristo.

---

[53] FÍLON, *On the Birth of Abel and the Sacrifices Offered by Him and His Brother Cain*, vol. II, p. 95-7, trad. de Colvin e Whitaker.
[54] FÍLON, *Special Laws*, 1:43; trad. Colson e Whitaker.
[55] FÍLON, *On the Confusion of Tongues*, 1.147, trad. Colvin e Whitaker; in ARMSTRONG, Karen. Obra citada, p. 51-5.

A INVENÇÃO DO MONOTOTEÍSMO: *Deuses feitos de palavras*

É inegável o peso dos elementos exegéticos históricos, siste-máticos e teológicos no Evangelho atribuído a João. Enquanto isso acontecia, os judeus acautelados, embora continuassem a esperar o Messias, transformando a religião em ética, mistério e mística, iniciavam uma poderosa exegese da Torá que marcaria, para sempre, as comunidades dispersas. A interpretação deles era essencialmente a do "espírito da lei", além do formalismo. De outra parte, histórica e substancialista, em face dos novos tempos, totalmente diversos do que sempre sugerira a aliança de Javé. Os cristãos, principalmente os protestantes, são mais ja-vistas do que os próprios judeus. Karen Armstrong mostra como o judaísmo, já apartado da seita cristã – declarada herética pelo Sinédrio –, conseguiu, por autopoiese, se reestruturar.

> Consta que, durante os últimos dias do cerco de Jerusalém, para conseguir passar pelos judeus fanáticos que guardavam os portões, o rabino Johanan ben Zakkai, líder dos fariseus, foi re-tirado da cidade clandestinamente num caixão. Durante toda a guerra, ele afirmara que a rebelião contra Roma era não somen-te inútil, mas autodestrutiva, e que a preservação da religião era mais importante que a independência política. Uma vez fora da cidade, ele se dirigiu até o acampamento romano e pediu a Ves-pasiano que poupasse a cidade litorânea de Yavneh, a sudoeste de Jerusalém, como um refúgio seguro para os sábios judeus. Após a destruição de Jerusalém e de seu templo, fariseus, es-cribas e sacerdotes começaram a se congregar em Yavneh, que por mais de 60 anos foi o centro de notável síntese religiosa. A história da espetacular fuga de Johanan tem elementos apócri-fos óbvios, mas a poderosa imagem do rabino erguendo-se do caixão fora da cidade condenada era profética, já que Yavneh assegurou a ressurreição de uma nova versão do templo do ju-daísmo nas ruínas do velho.
> No final dos anos 80 e 90, como vimos, alguns cristãos haviam começado a se sentir seriamente ameaçados por Yavneh, cuja visão parecia mais convincente e autêntica para muitos judeus que o evangelho. No entanto, o empreendimento farisaico ti-nha de fato muito em comum com as igrejas cristãs primitivas. Os fariseus também esquadrinhavam as Escrituras, inventavam uma nova forma de exegese e compunham novos textos sagra-

SACHA CALMON

dos – muito embora nunca sustentassem que estes formavam um "Novo Testamento". Quando dois ou três dos fariseus estudavam a Torá juntos, descobriam – como os cristãos – que a Shekhinah[56] estava entre eles. Em Yavneh, os fariseus desbravaram uma espiritualidade em que o estudo da Torá substituía o templo como o principal meio de encontrar a presença divina. Mas, ao contrário dos estudiosos bíblicos modernos, eles não estavam interessados em recuperar a significação original de uma dada passagem da Escritura. (...) Os rabinos chamavam sua exegese de midrash, palavra que, como vimos, derivava do verbo darash: "investigar", "procurar". O significado de um texto não era evidente em si mesmo. O exegeta tinha de ir a sua procura, porque cada vez que um judeu se confrontava com a Palavra de Deus na Escritura, ela significava algo diferente. A Escritura era inesgotável. Os rabinos gostavam de salientar que o rei Salomão usara três mil parábolas para ilustrar cada versículo da Torá e podia dar 1.005 interpretações de cada parábola – o que significava que havia três milhões e 15 mil possíveis exposições de cada unidade da Escritura.

Quando estudavam a Torá, os rabinos deviam tentar revelar o núcleo de compaixão que residia no coração de toda a legislação e das narrativas nas Escrituras – mesmo que isso significasse torcer o sentido original do texto. Os rabinos da Yavneh eram seguidores de Hillel. O rabino Akiba, o sábio mais importante do fim do período Yavneh, declarou que o princípio básico da Torá era o mandamento que consta no Levítico: "Amarás o teu próximo como a ti mesmo". Somente um dos rabinos contestou isso, afirmando que as simples palavras "Este é o legado dos descendentes de Adão", eram mais importantes porque revelavam a unidade de toda a raça humana.[57]

O horoz era essencial ao midrash rabínico. Dava ao exegeta uma intuição de totalidade e completude similar à shalom que os judeus haviam encontrado no templo e à coincidentia oppositorum que os cristãos experimentavam em sua exegese pesher. Como os cristãos, os rabinos estavam lendo a Lei e os Profetas de maneira diferente, dando-lhes significado que tinha pouca relação com a intenção dos autores originais. O rabino Akiba aperfeiçoou esse

---

[56] Shekinah para os judeus significa a sabedoria proveniente da divina santidade.

[57] Notas da autora citada: Gênesis 5:1; C. G. Montefiore, 'Preface', in C. G. Montefiore e H. Loewe (orgs.), A Rabbinic Anthology, Nova York, 1.974, p. xl.

A INVENÇÃO DO MONOTOTEÍSMO: *Deuses feitos de palavras*

midrash inovador. Seus alunos gostavam de contar uma história a seu respeito. A fama do gênio do rabino Akiba chegou até Moisés no céu, e um dia ele decidiu descer à Terra para assistir a uma de suas aulas. Sentou-se na oitava fileira, atrás dos outros discípulos, e, para seu desapontamento, viu que a exposição do rabi Akiba era incompreensível para ele, embora se dissesse que ela fora parte da revelação recebida no Monte Sinai. "Meus filhos me superaram", Moisés refletiu pesaroso, mas com orgulho, enquanto rumava de volta para o céu. Mas por que, perguntou ele, Deus entregara a Torá para ele, quando teria podido escolher um homem da estatura intelectual de Akiba?[58] Outro rabino expressou isso mais sucintamente: "Assuntos que não haviam sido revelados a Moisés foram revelados ao rabino Akiba e seus colegas".[59]

O rabino Eliezer envolveu-se numa irredutível discussão com seus colegas sobre um preceito legal (halachá) na Torá. Quando eles se recusaram a aceitar sua opinião, o rabino Eliezer pediu a Deus para apoiá-lo com alguns milagres, e – mirabile dictu – uma alfarrobeira moveu-se 400 côvados por si mesma; água num encanamento fluiu morro acima; e as paredes da casa de estudos tremeram com tanta violência que a construção pareceu prestes a desabar. Mas os outros rabinos não ficaram impressionados com essa demonstração de força sobrenatural. Em desespero, o rabino Eliezer pediu que uma bat qol ("voz vinda do céu") se pronunciasse, e a divina voz obsequiosamente declarou: "Que tendes contra o rabi Eliezer? A halachá é sempre como ele diz". Mas o rabino Joshua citou um versículo do Deuteronômio: "Ela não está nos céus".[60] A Torá não estava mais confinada ao mundo celeste; depois que fora promulgada no Monte Sinai, não pertencia mais a Deus, mas a posse inalienável de cada judeu. Assim, comentou um rabino posterior: "Não prestamos atenção alguma a uma voz celeste". Além disso, havia sido decretado no Sinai: 'Por maioria vocês devem decidir'[61], portanto o rabino Eliezer, uma minoria de um, não podia anular o voto popular. Quando Deus ouviu que sua opinião fora invalidada, riu e disse: "Meus filhos me subjugaram".[62]

---

[58] Notas da autora citada: B. Menachot 29b.
[59] M. Rabbah; Números 19:6.
[60] Deuteronômio 30:12.
[61] Êxodo 33:2, como interpretado no midrash.
[62] BABA METZIA, 59b, em Montefiore e Loewe, orgs., *A Rabbinic Anthology*, p. 340-1.

Entre 135 e 160, os rabinos começaram também a criar uma Escritura inteiramente nova, que chamaram de Mishnah, uma antologia das tradições que os rabinos haviam compilado em Yavneh, organizadas segundo o esquema dos rabinos Akiba e Maier, que se haviam comprometido a pôr por escrito. (...) A Mishnah foi concluída pelo rabino Gilda, o Patriarca, por volta de 200, e se tornou o Novo Testamento dos rabinos. Tal como as Escrituras cristãs, ela via o Tanach como pertencente a uma fase da história que desaparecera para sempre, mas que podia ser usada para legitimar o judaísmo pós-templo. Mas as semelhanças terminavam aí. Não havia história alguma, nenhuma narrativa, nenhuma teologia. A Mishnah era simplesmente uma formidável coleção de preceitos legais, organizados em seis Sederim ("Ordens") – Zeraim ("Sementes"), Moed ("Festas"), Nashim ("Mulheres"), Nezekin ("Danos"), Kodashim ("Coisas sagradas") e Tohoroth ("Regras de pureza"). Eles eram depois subdivididos em 63 tratados.

Em contraste com o Novo Testamento, que nunca perdia uma oportunidade de citar as Escrituras hebraicas, a Mishnah mantinha-se orgulhosamente distante do Tanach, raras vezes citando a Bíblia ou fazendo apelo a seu ensinamento. (...) A Mishnah não se interessava por aquilo em que os judeus acreditavam, mas pelo modo como se comportavam. O templo desaparecera, mas a Shekhinah ainda estava no meio de Israel. A tarefa dos rabinos era ajudar os judeus a viver em santidade, como se o templo ainda estivesse de pé.[63]

A questão não é assim tão intrincada. Para os cristãos, no início, quando eles não tinham material algum nas mãos, recorrer à Torá era uma imposição inescapável, até porque o reino deles era no céu. Os judeus tinham por fixa a ideia de que Javé – em toda a extensão da Torá – lhes prometera o domínio e a glória final de Israel, a dominar o mundo, na cidade santa e no templo eterno de Jerusalém. Era imperioso, portanto, que a Mishnah iniciasse uma interpretação bíblica e ética para os difíceis tempos que se iniciavam. Acabaram-se Judá, Jerusalém e o templo. Era o fim de uma era, de um sonho, de uma história, de um credo. Para lembrar o

---

[63] ARMSTRONG, Karen. Obra citada, p. 86-7.

A INVENÇÃO DO MONOTOTEÍSMO: *Deuses feitos de palavras*

leitor, Shekhinah significa a sabedoria. Na Cabala, a Sabedoria mostra traços femininos, tanto como a sábia Asserat.

No caso do judaísmo, com a destruição de Jerusalém e do templo, a questão era mudar de assunto, cancelar as grandiosas promessas do passado e iniciar uma nova etapa de intimidade entre o crente e a lei do seu Deus. Para os cristãos, a questão era inversa; tinham que justificar a morte de Jesus com as "Escrituras antigas" dos judeus. O reino de Sião dos judeus transfigurava-se agora no "Reino dos Céus de Nosso Senhor Jesus Cristo". Uma lei renovada, surgida da antiga. Alerta Armstrong.[64]

> Durante o século VI, os judeus da Babilônia produziram um Talmude mais satisfatório e aperfeiçoado.[65] Havia constante intercâmbio entre os rabinos da Palestina e da Babilônia. Como os soberanos iranianos eram mais liberais que os imperadores cristãos, os judeus da Babilônia tinham liberdade para conduzir seus próprios negócios sob um exiliarca oficialmente designado. À medida que a população judaica palestina declinou, a Babilônia tornou-se o centro intelectual do mundo judaico, e o Talmude babilônico, conhecido como Bavli, trazia uma confiança serena que refletia essas circunstâncias mais favoráveis. Ele se tornaria o texto-chave do judaísmo rabínico. Assim como o Yerushalmi, era um comentário (gemara) à Mishnah, mas não ignorava a Torá usada para apoiar a Torá oral. Sob alguns aspectos, o Bavli era semelhante ao Novo Testamento, porquanto seus autores-editores o viam como a conclusão da Bíblia hebraica – uma nova revelação para um mundo transformado.[66]

Os rabinos substituíram, com vantagem, os antigos profetas: ora visionários, ora histéricos, ora coléricos. As comunidades da diáspora gravitavam à volta de rabinos.

---

[64] ARMSTRONG, Karen. Obra citada, p. 98-100.
[65] AKENSON, Surpassing Wonder, p. 366-395.
[66] PELIKAN, Jaroslav. *Whose Bible Is It? A History of the Scriptures Through the Ages*. Nova York, 2005, p. 67-8.

O cristianismo como continuação da exegese judaica e o anseio pelo Messias salvador

Com Karen Armstrong, percebemos como as leis mosaicas tornaram-se plásticas após a destruição do templo, adaptando-se às novas circunstâncias históricas, adiando o reino davídico e a vinda iminente do Messias, a entronizar Israel no topo do Monte Sião para ser a luz do mundo, a mostrar à humanidade a força inconteste de Javé ("Sou eu e mais ninguém"). Com o rabinato, a Mishnah e o Talmude da Babilônia, o judaísmo pôde sobreviver num mundo cheio de dificuldades, especialmente nos lugares onde o cristianismo o ridicularizava, desprezava e perseguia.

Os judeus, desencantados, transformaram Deus na Torá, aprisionando-o. Deus foi "coisificado" num livro, e sobre os significados ali encerrados escreveram-se bibliotecas, chegando até ao êxtase místico. Entre os cristãos a questão era diversa: passar do Sião neste mundo para o reino dos céus, já que Davi e Israel eram fatos e símbolos de um mundo que deixara de existir. A seita, evidentemente judaica, tinha – pequena como era – de legitimar-se a partir dos profetas e mitos bíblicos do passado. Diz Karen:

> Mas o fato de Cristo estar "escondido" na Escritura significava que os cristãos deviam fazer um árduo esforço exegético se quisessem encontrá-lo.
> Para Orígenes, as Escrituras judaicas eram um midrash ao Novo Testamento, que havia sido ele próprio um comentário ao Tanakh. Sem alegoria, a Bíblia não fazia absolutamente qualquer sentido. Como poderíamos explicar literalmente a ordem de Cristo: "Se o teu olho direito te fizer pecar, arranca-o e joga-o

A INVENÇÃO DO MONOTOTEÍSMO: *Deuses feitos de palavras*

longe de ti"?[67] Como podia um cristão aceitar a ordem cruel de que os meninos não circuncidados fossem mortos?[68]

Noutro extremo, os judeus partiram para o esoterismo da Cabala, a ortodoxia e o renovado anseio pela vinda do Messias.

> Os cabalistas chamavam a essência mais íntima de Deus de En Sof ("sem fim"). En Sof era incompreensível e sequer mencionado na Bíblia e no Talmude. Não era uma personalidade, sendo por isso mais preciso chamá-lo de "isso" que de "ele". Mas o incompreensível En Sof havia se revelado para a humanidade ao mesmo tempo em que criara o mundo. Havia emergido de seu ocultamento impenetrável, como uma imensa árvore fazendo brotar tronco, galhos e folhas. A vida divina espalhava-se em esferas cada vez mais amplas até que preenchia tudo quanto há, embora o próprio En Sof permanecesse escondido.

O "En Sof" tem muito do "Nun" egípcio mencionado por Norman Cohn.

> Havia sempre um forte elemento sexual na Cabala. Binah era conhecida também como a Mãe supernal, cujo útero, uma vez penetrado pelo "ponto primal", dava à luz as sefirot inferiores, que refletiam aspectos do divino mais acessíveis aos seres humanos e que, no primeiro Capítulo do Gênesis, eram simbolizados pelos sete dias da criação. Os seres humanos podiam discernir esses "poderes" de Deus no mundo e na Escritura: Rachamin (Compaixão) – também chamado Tiferet (Graça); Din (Julgamento Severo) que deveria sempre ser equilibrado por Hesed (Clemência); Netsach (Paciência), Hod (Majestade), Yesod (Estabilidade) e enfim Malkut (reino), também chamado Shekhinah, que os cabalistas imaginavam como uma personalidade feminina.
> No Zohar, um dos sinais de uma exegese bem-sucedida é o grito de alegria proferido pelos colegas do intérprete quando ouvem o que experimentam como verdade divina, ou quando os exegetas se beijam um ao outro antes de recomeçar sua viagem mística.

---

[67] Notas da autora citada: Mateus 5:29.
[68] ORÍGENES, Sobre os primeiros princípios 4.3.1.

SACHA CALMON

A Cabala começou como um movimento pequenino, esotérico, mas se tornaria um movimento de massa no judaísmo, e sua mitologia influenciaria até aqueles que não tinham talento místico. À medida que sua história tornou-se mais trágica, os judeus consideravam o Deus dinâmico dos místicos mais compassivo que o Deus distante dos filósofos, e sentiam cada vez mais que o sentido manifesto da Escritura era insatisfatório e não podia lançar nenhuma luz sem a interpretação de uma tradição herdada (kaballah). Na Europa, contudo, os cristãos chegavam à conclusão oposta. O estudioso franciscano Nicolau de Lira (1270-1340) combinou os métodos mais antigos de interpretação com os novos achados dos escolásticos. Defendeu o uso dos três "sentidos espirituais" da Bíblia, mas preferia o sentido manifesto da exegese histórica.[69]

Se por um lado o judaísmo investiu na sabedoria e no mistério de um destino ímpar avalizado por Deus, o cristianismo, com o passar do tempo, investiu na interpretação simples e literal dos Atos dos Apóstolos e dos quatro evangelhos, com duas novidades: a supervalorização da fé (mais vale um analfabeto crente do que um erudito perplexo) e a acentuação da missão de converter todos os homens, tornando-os caudatários das "Palavras do Senhor" (o caminho da salvação).

Contribuição ética da Torá: herança patriarcal

O monoteísmo judaico, sob o ponto de vista ético e jurídico, não contribuiu preponderantemente para a ética do Ocidente. Reproduzido pelo cristianismo, tem servido de "exemplo" para os mais diversos movimentos: as Cruzadas; a suposta superioridade do anglo-saxão sobre os índios, tidos por cananeus; a In-

---

[69] ARMSTRONG, Karen. Obra citada, p. 108-10; 140 e 147.

133

A INVENÇÃO DO MONOTOTEÍSMO: *Deuses feitos de palavras*

quisição; a queima das feiticeiras; a conquista da América (terra da promissão); o massacre dos adoradores de falsos deuses, os indígenas norte-americanos vistos como filisteus; a luta dos negros contra a escravidão, como se estivessem no Egito, o que gerou lindas canções religiosas (gospel negro) e assim por diante. O monoteísmo judaico faz coro com as religiões patriarcais do mundo antigo e reafirma sua origem utilitariamente tribal.

O Livro da Aliança, construído pelos deuteronomistas, mostra algumas normas do judaísmo primitivo nada edificantes:

> Mas, havendo alguém que odeia a seu próximo, e lhe arma ciladas, e se levanta contra ele, e o fere mortalmente, e se acolhe a alguma destas cidades [cidades refúgios de assassinos].
> Então os anciãos da sua cidade mandarão buscá-lo; e dali o tirarão, e o entregarão na mão do vingador do sangue, para que morra.
> O teu olho não o perdoará; antes tirarás o sangue inocente de Israel, para que o bem te suceda. (Deuteronômio 19:11-13)
> Quando um homem tomar mulher e, depois de coabitar com ela, a desprezar. E lhe imputar coisas escandalosas, e contra ela divulgar má fama, dizendo: Tomei esta mulher, e me cheguei a ela, porém não a achei virgem;
> Então o pai da moça e sua mãe tomarão os sinais da virgindade da moça, e levá-los-ão aos anciãos da cidade, à porta;
> E o pai da moça dirá aos anciãos: Eu dei minha filha por mulher a este homem, porém ele a despreza;
> E eis que lhe imputou coisas escandalosas, dizendo: Não achei virgem a tua filha; porém eis aqui os sinais da virgindade de minha filha. E estenderão a roupa diante dos anciãos da cidade.
> Então os anciãos da mesma cidade tomarão aquele homem, e o castigarão.
> E o multarão em cem siclos de prata, e os darão ao pai da moça; porquanto divulgou má fama sobre uma virgem de Israel. E lhe será por mulher, em todos os seus dias não a poderá despedir.
> Porém se isto for verdadeiro, isto é, que a virgindade não se achou na moça,
> Então levarão a moça à porta da casa de seu pai, e os homens da sua cidade a apedrejarão, até que morra; pois fez loucura em Israel, prostituindo-se na casa de seu pai; assim tirarás o mal do meio de ti. (Deuteronômio 22:13-21)
> Aquele a quem forem trilhados os testículos, ou cortado

SACHA CALMON

o membro viril, não entrará na congregação do Senhor. Nenhum bastardo entrará na congregação do Senhor; nem ainda a sua décima geração entrará na congregação do Senhor (Deuteronômio 23:1-2).

Quando um homem tomar uma mulher e se casar com ela, então será que, se não achar graça em seus olhos, por nela encontrar coisa indecente, far-lhe-á uma carta de repúdio, e lha dará na sua mão, e a despedirá da sua casa.

Se ela, pois, saindo da sua casa, for e se casar com outro homem, E este também a desprezar, e lhe fizer carta de repúdio, e lha der na sua mão, e a despedir da sua casa, ou se este último homem, que a tomou para si por mulher, vier a morrer.

Então seu primeiro marido, que a despediu, não poderá tornar a tomá-la, para que seja sua mulher, depois que foi contaminada; pois é abominação perante o Senhor; assim não farás pecar a terra que o Senhor teu Deus te dá por herança. (Deuteronômio 24:1-4)

Quando irmãos morarem juntos, e um deles morrer, e não tiver filho, então a mulher do falecido não se casará com homem estranho, de fora; seu cunhado estará com ela, e a receberá por mulher, e fará a obrigação de cunhado para com ela.

E o primogênito que ela lhe der será sucessor do nome do seu irmão falecido, para que o seu nome não se apague em Israel.

Porém, se o homem não quiser tomar sua cunhada, esta subirá à porta dos anciãos, e dirá: Meu cunhado recusa suscitar a seu irmão; não quer cumprir para comigo o dever de cunhado.

Então os anciãos da sua cidade o chamarão, e com ele falarão; e, se ele persistir, e disser: Não quero tomá-la;

Então sua cunhada se chegará a ele na presença dos anciãos, e lhe descalçará o sapato do pé, e lhe cuspirá no rosto, e protestará, e dirá: Assim se fará ao homem que não edificar a casa de seu irmão;

E o seu nome se chamará em Israel: A casa do descalçado.

Quando pelejarem dois homens, um contra o outro, e a mulher de um chegar para livrar a seu marido da mão do que o fere, e ela estender a sua mão, e lhe pegar pelas suas vergonhas,

Então cortar-lhe-ás a mão; não a poupará o teu olho. (Deuteronômio 25:5-12)

As vontades do instinto sexual eram terrivelmente punidas com penas severíssimas, quase sempre de morte. Além das penas, havia também maldições à guisa de punir os infratores, hábito que passou para o catolicismo sob o nome de "excomunhão".

A INVENÇÃO DO MONOTOTEÍSMO: *Deuses feitos de palavras*

O homem que adulterar com a mulher de outro, havendo adulterado com a mulher do seu próximo, certamente morrerá o adúltero e a adúltera.
E o homem que se deitar com a mulher de seu pai descobriu a nudez de seu pai; ambos certamente morrerão; o seu sangue será sobre eles.
Semelhantemente, quando um homem se deitar com a sua nora, ambos certamente morrerão; fizeram confusão; o seu sangue será sobre eles.
Quando também um homem se deitar com outro homem, como com mulher, ambos fizeram abominação; certamente morrerão; o seu sangue será sobre eles.
E, quando um homem tomar uma mulher e a sua mãe, maldade é; a ele e a elas queimarão com fogo, para que não haja maldade no meio de vós.
Quando também um homem se deitar com um animal, certamente morrerá; e matareis o animal.
Também a mulher que se chegar a algum animal, para ajuntar-se com ele, aquela mulher matarás bem assim como o animal; certamente morrerão; o seu sangue será sobre eles.
E, quando um homem tomar a sua irmã, filha de seu pai, ou filha de sua mãe, e vir a nudez dela, e ela a sua, torpeza é; portanto serão extirpados aos olhos dos filhos do seu povo; descobriu a nudez de sua irmã, levará sobre si a sua iniquidade.
E, quando um homem se deitar com uma mulher no tempo da sua enfermidade, e descobrir a sua nudez, descobrindo a sua fonte, e ela descobrir a fonte do seu sangue, ambos serão extirpados do meio do seu povo.
Também a nudez da irmã de tua mãe, ou da irmã de teu pai não descobrirás; porquanto descobriu a sua parenta, sobre si levarão a sua iniquidade.
Quando também um homem se deitar com a sua tia descobriu a nudez de seu tio; seu pecado sobre si levarão; sem filhos morrerão.
E quando um homem tomar a mulher de seu irmão, imundícia é; a nudez de seu irmão descobriu; sem filhos ficarão.[70] (Levítico 20:6-21)

Claro que há disposições benignas. As mostras visam revelar

---

[70] Bíblia. *Versão Almeida Corrigida e Fiel* (ACF).

Sacha Calmon

a ética jurídica média, comum aos povos da Cananeia. O Alcorão, v.g., manda cortar as mãos de ladrões e proíbe totalmente a usura, seja entre patrícios, seja entre estrangeiros. Os levitas incluíram no Deuteronômio a proibição da cobrança de juros entre patrícios, não de estranhos. A pena de morte era corriqueira, como nos outros códigos da região. Seja lá como for, o código babilônico de Hamurabi é, de longe, superior ao atribuído a Moisés. Vejamos com Jayme de Altavila[71] alguns trechos do Código de Hamurabi:

> **Defesa da mulher contra a difamação.**
> Art. 127 – Se alguém difama uma mulher consagrada ou a mulher de um homem livre e não pode provar, se deverá arrastar esse homem perante o Juiz e tosquiar-lhe a fronte.

Comenta Altavila:

> Depreende-se que a reputação de uma senhora mesopotâmica era circundada por toda proteção legal e que havia profundo respeito ao lar conjugal. O ferreteamento importava necessariamente no exílio do ferreteado, pois não poderia mais permanecer dentro da cidade com a marca da infâmia gravada na testa. O padre Manuel Bernardes, na Nova Floresta, esclarece como essa pena foi adotada em Roma pela lei Mêmmia: – "Os romanos antigos, que muitas vezes usavam a letra K em lugar de C, imprimiam com ferro em brasa na testa do homem convicto de calúnia, um ou dois Kapas, como quem diz por abreviatura: – *calumniae causa*, ou *cave calumniorum*".[72]

> **Nulidade do casamento não consumado (contrato realidade).**
> Art. 128 – Se alguém toma uma mulher, mas não conclui contato com ela, essa mulher não é esposa.

> **Adultério, penalidade e perdão marital.**
> Art. 129 – Se a esposa de alguém é encontrada em contato sexu-

---

[71] ALTAVILA, Jayme de. *Origem dos direitos dos povos*. São Paulo: Ícone, 1.989.
[72] BERNARDES, Padre Manuel. *Nova Floresta*. Vol. 2. Porto: Chardron, 1.909.

A INVENÇÃO DO MONOTOTEÍSMO: *Deuses feitos de palavras*

al com um outro, deve-se amarrá-los e lançá-los n'água, salvo se o marido perdoar à sua mulher e o rei a seu escravo.

Estupro.
Art. 130 – Se alguém viola a mulher que ainda não conheceu homem e vive na casa paterna e tem contato com ela e é surpreendido, este homem deverá ser morto e a mulher irá livre.

Falsa acusação, ausente a prova.
Art. 131 – Se a mulher de um homem livre é acusada pelo próprio marido, mas não surpreendida em contato com outro, ela deverá jurar em nome de Deus e voltar à sua casa.

Marido prisioneiro de guerra e abandono do lar.
Art. 133 – Se alguém é feito prisioneiro e na sua casa há com que sustentar-se, mas a mulher abandona a casa e vai à outra casa; porque esta mulher não guardou sua casa e foi a outra, deverá ser judicialmente convencida e lançada n'água.
Art. 134 – Se alguém é feito prisioneiro de guerra e na sua casa não há com que sustentar-se e sua mulher vai a outra casa, esta mulher deverá ser absolvida.
Art. 135 – Se alguém é feito prisioneiro de guerra e na sua casa não há com que sustentar-se e sua mulher vai a outra casa e tem filhos, se mais tarde o marido volta e entra na pátria, esta mulher deverá voltar ao marido, mas os filhos deverão seguir o pai deles.
Art. 136 – Se alguém abandona a pátria e foge e depois a mulher vai a outra casa, se aquele regressa e quer retomar a mulher, porque ele se separou da pátria e fugiu, a mulher do fugitivo não deverá voltar ao marido.

Repúdio.
Art. 138 – Se alguém repudia a mulher e não lhe deu filhos, deverá dar-lhe a importância do presente nupcial e restituir-lhe o donativo que ela trouxe consigo da casa de seu pai e assim mandá-la embora.
Art. 139 – Se não houve presente nupcial, ele deverá dar-lhe uma mina, como donativo de repúdio.
Obrigatoriedade de alimentos à mulher enferma.
Art. 149 – Se alguém toma uma mulher e esta é colhida pela moléstia, se ele então pensa em tomar uma segunda, não deverá repudiar a mulher que foi presa da moléstia, mas deverá conservá-la na casa que ele construiu e sustentá-la enquanto viver.

Sacha Calmon

Regime da comunhão de bens.
Art. 152 – Se depois que a mulher entra na casa do marido, ambos têm um débito, deverão ambos pagar ao credor.

Direito de sucessão.
Art. 162 – Se alguém toma uma mulher e ela lhe dá filhos, se depois essa mulher morre, seu pai não deverá intentar ação sobre seu donativo; este pertence aos filhos.

A colação em face do pátrio poder.
Art. 165 – Se alguém doa ao filho predileto campo, horto e casa e lavra sobre isso um ato, se mais tarde o pai morre e os irmãos dividem, eles deverão entregar-lhe a doação do pai e ele poderá tomá-la; fora disso deverão dividir entre si os bens paternos.

Renegação paterna.
Art. 168 – Se alguém quer renegar seu filho e declara ao juiz: "eu quero renegar meu filho", o juiz deverá examinar as suas razões e, se o filho não tem culpa grave pela qual se justifique que lhe seja renegado o estado de filho, o pai não deverá renegá-lo.

Herança em comum.
Art. 173 – Se esta mulher (que abandonou legalmente a casa de seu marido) para lá se transporta, tem filhos do segundo marido e em seguida morre, o seu donativo deverá ser dividido entre os filhos anteriores e sucessivos.

Ventre livre.
Art. 175 – Se um escravo da Corte ou escravo de um liberto desposa a mulher de um homem livre e gera filhos, o senhor do escravo não pode propor ação de escravidão contra os filhos da mulher livre.

Estabilidade da adoção.
Art. 185 – Se alguém dá seu nome a uma criança e a cria como um filho, este adotado não poderá mais ser reclamado.

Revogação da adoção, por ingratidão.
Art. 186 – Se alguém adota como filho um menino e depois que o adotou ele se revolta contra seu pai adotivo e sua mãe, este adotado deverá voltar à sua casa paterna.

Adoção permanente pelo ensino de um ofício.

A INVENÇÃO DO MONOTOTEÍSMO: *Deuses feitos de palavras*

Art. 188 – Se o membro de uma corporação operária toma para criar um menino e lhe ensina o seu ofício, este não pode mais ser reclamado.
Art. 189 – Se ele não lhe ensinou o seu ofício, o adotado pode voltar à sua casa paterna.

Renúncia da adoção pelo adotado.
Art. 190 – Se alguém não considera entre seus filhos aquele que tomou e criou como filho, o adotado poderá voltar à sua casa paterna.

Indenização compensatória.
Art. 191 – Se alguém que tomou e criou um menino como seu filho, põe em sua casa e tem filhos e quer renegar o adotado, o filho adotado não deverá ir-se embora.
O pai adotivo deverá dar do próprio patrimônio um terço da sua cota e da cota de filho e então ele deverá afastar-se. [...]

Negligência profissional.
Art. 229 – Se um arquiteto constrói para alguém e não o faz solidamente e a casa que ele construiu cai e fere de morte o proprietário, esse arquiteto deverá ser morto.
Art. 233 – Se um arquiteto constrói para alguém uma casa e não a leva ao fim, se as paredes são viciosas, o arquiteto deverá à sua custa consolidar as paredes.

Edificada entre os rios Tigre e Eufrates, era natural que a economia da Babilônia dependesse de seus estaleiros. Por essa razão, os dispositivos pertinentes aos bateleiros são frequentes:

Art. 234 – Se um bateleiro constrói para alguém um barco de sessenta gur, dever-se-lhe-á dar em paga dois siclos.
Art. 235 – Se um bateleiro constrói para alguém um barco e não o faz solidamente, se no mesmo ano o barco é expedido e sofre avaria, o bateleiro deverá desfazer o barco e refazê-lo solidamente à sua custa; o barco sólido ele deverá dá-lo ao proprietário.
Art. 236 – Se alguém freta o seu barco a um bateleiro e este é negligente, mete a pique ou faz que se perca o barco, o bateleiro deverá ao proprietário barco por barco.
Art. 237 – Se alguém freta um bateleiro e o barco e o provê de trigo, lã, azeite, tâmaras e qualquer outra coisa que forma a sua carga, se o bateleiro é negligente, mete a pique o barco e faz que se perca o carregamento, deverá indenizar o barco que fez ir a

pique e tudo o que ele causou perda.

Nos casos de abalroamento, que deveriam ser frequentes naquele fervedouro fluvial, os rudimentos de direito comercial marítimo do Código obrigavam o causador do choque a indenizar todos os prejuízos.

Pode-se deduzir que o direito do trabalho estava presente no Código de Hamurabi a partir do artigo 257:

> Art. 257 – Se alguém aluga um lavrador de campo, lhe deverá dar anualmente oito gur de trigo.
> Art. 261 – Se alguém aluga um pastor para apascentar bois e ovelhas, lhe deverá dar oito gur de trigo por ano.
> Art. 271 – Se alguém aluga bois, carros e guardas, deverá dar cento e oitenta ka de trigo por dia.
> Art. 273 – Se alguém aluga um lavrador mercenário, lhe deverá dar, do novo ano ao quinto mês, seis se por dia; do sexto mês ao fim do ano, deverá dar cinco se por dia.

Jayme Altavila comenta: "Enganou-se Van Loon[73] ao dizer que o Tigre, o Eufrates e o Nilo eram usados somente para irrigar". Além disso, foi Hamurabi quem primeiro instituiu o salário mínimo, tabelando o valor a pagar em vários casos.

Altavila[74] rende suas homenagens ao sábio rei da Babilônia.

> Oito anos após a morte do guerreiro e legislador, os povos semibárbaros do Elam invadiram a Babilônia e levaram a coluna diorítica de suas leis. É possível que eles temessem mais aquela estela repleta de inscrições cuneiformes, do que mesmo as armas dos defensores da cidade que tinha uma área maior do que Paris. Mas o fato é que a levaram cuidadosamente, temerosos dos seus sortilégios e a sepultaram em Susa, até que Morgan a desenterrou em 1.902.
> Hamurabi, construtor de canais, templos e fortalezas, castigador

---

[73] Notas do autor citado. LOON, H. Van. Navios e de como eles singraram os sete mares. Tradução de Érico Veríssimo. Porto Alegre: Globo, 1.936.
[74] ALTAVILA, Jayme de. Obra citada, p. 54-59.

A INVENÇÃO DO MONOTOTEÍSMO: *Deuses feitos de palavras*

de rebeliões, audacioso na guerra e jurista na paz, – deixou em seu código, onde há muita punição, muita justeza, muito rigor e muita equidade, – três parágrafos que trazem, nas entrelinhas, a sua sensibilidade e a sua psicologia.

Os artigos 137, 156 e 172, estabelecendo causas diversas de divórcio, concluem com este dispositivo humano e sensato em relação à mulher: "Ela pode desposar em seguida o homem do seu coração".

Já se vê que, no diorito de Susa, onde há 22 artigos que prescrevem penas de morte, – há também alguns parágrafos que reconhecem a existência de uma lei não escrita, porém mais poderosa do que o código de pedra, que é a lei do amor, impressa na alma e no coração de todas as criaturas.

Por essa razão, acreditamos que o código mesopotâmico não foi outorgado por Schamasch, o Deus do Sol e da Justiça, mas sim concebido e escrito por Hamurabi, o homem.[75]

Hamurabi ficou conhecido por ser governante e legislador avançado para o seu tempo.

---

[75] ALVATILA, Jayme. Obra citada, p. 54-9.

O REVISIONISMO DA RELIGIÃO JUDAICA DEPOIS DE ISAÍAS E O CRISTIANISMO – AUTOPOIESE RELIGIOSA

A verdadeira história de Israel e da Torá

Vejamos o revisionismo de Isaías.

A lei de Moisés é fascinante e profundamente humana. Nunca o homem havia-se relacionado com o Criador de maneira tão intensa, aterradora e confusa. Foram nossos guias dois notáveis pesquisadores: Israel Finkelstein e Neil Asher Silberman. O primeiro é diretor do Instituto de Arqueologia Sonia e Marcos Nadler, da Universidade de Tel-Aviv, em Israel; e o segundo é diretor de Interpretação Histórica do Centro de Arqueologia Pública e Apresentação do Legado Histórico, na Bélgica, além de colaborador da revista *Archaeology*. Outros poucos autores, à sua vez, nos ajudaram a compor esta obra. Nosso único mérito é tê-los reunido. Merecem realce Norman Cohn e Jack Miles, que foi presidente do Círculo Nacional de Críticos Literários dos Estados Unidos, ex-padre católico e autor de magníficos livros, tal como *Deus: uma biografia* e *Cristo: uma crise na vida de Deus*. Ambos tratam da tradição judaico-cristã. O mesmo se diga de Karen Armstrong, estudiosa profunda das bíblias.

A afirmação de que os escribas do tempo do rei Josias foram os primeiros artífices da Torá não encontra guarida entre os religiosos, sejam eles judeus ou cristãos. Entretanto, se raramente há consenso entre os historiadores, este é um deles. Karen Armstrong:

A INVENÇÃO DO MONOTOTEÍSMO: *Deuses feitos de palavras*

Ouvimos falar pela primeira vez num povo chamado "Israel" nessa região por volta de 1.200 a.C. Alguns estudiosos afirmam que os israelitas eram refugiados das cidades-estado em declínio nas planícies costeiras. Talvez tenham se juntado a eles outras tribos vindas do sul, que levavam consigo seu Deus Jeová, que parece ter tido origem nas regiões em torno do Sinai, ao sul[76].

A autora dá crédito a Cohn, quanto ao ano de 1.200 a.C. como o início de Israel como povo. A narrativa dos patriarcas faz parte das histórias cananeias transmitidas oralmente (depois alteradas pelos deuteronomistas).

Salvo a teoria dos "refugiados", Karen está em perfeita consonância com Finkelstein e Silberman, no livro A Bíblia não tinha razão. A seguir, ela explica o surgimento e o fim do período histórico que originou o Deuteronômio e as razões pelas quais isso foi feito:

> Nessa época, a Assíria estava em declínio e o Egito em ascensão. Em 656 a.C., o faraó obrigou as forças militares assírias a se retirarem do Levante e, com espanto, o povo do reino de Judá viu os assírios saírem dos territórios do antigo reino de Israel. Enquanto as grandes potências lutavam pela supremacia, Judá ficou livre. Houve uma onda de patriotismo, e em 622 a.C. Josias começou a reparar o templo de Salomão, o memorial simbólico da idade de ouro de Judá. Durante a construção, o sumo sacerdote Helcias fez uma descoberta de extrema importância e correu com a notícia para Safã, o escriba real. Ele havia encontrado o "rolo da lei" (Sefer Torah) que Jeová dera a Moisés no Monte Sinai.
> Nas narrativas mais antigas não havia menção de que os ensinamentos de Jeová (Torah) haviam sido postos por escrito. Nos relatos J e E Moisés havia transmitido as ordens de Jeová de viva voz, e o povo respondera oralmente[77]. Os reformadores do sécu-

---

[76] ARMSTRONG, Karen. Obra citada, p. 15-30, incluindo todas as citas do trecho transcrito.
[77] Êxodo 24:3.

144

SACHA CALMON

lo VII a.C., entretanto, acrescentaram às sagas J e E versículos explicando que Moisés "estabeleceu por escrito as palavras de Jeová" e "leu o Sefer Torah para o povo"[78]. Helcias e Safã afirmaram que esse rolo fora perdido, e seus ensinamentos, nunca implementados, mas sua providencial descoberta significava que Judá podia recomeçar. O documento de Helcias continha provavelmente uma das primeiras versões do livro do Deuteronômio, que descrevia Moisés entregando uma "segunda Lei" (em grego, deuteronomion) pouco antes de sua morte. Mas em vez de ser uma obra antiga, o Deuteronômio era uma Escritura inteiramente nova. Não é inusitado que reformadores atribuam novas ideias a um grande personagem do passado. Os deuteronomistas acreditavam falar por Moisés naquele momento de transição. Em outras palavras, aquilo era o que Moisés diria a Josias caso lhe entregasse uma "segunda Lei" hoje.

Os reformadores não usaram sua Escritura para conservar a tradição, como muitas vezes se faz hoje, mas introduziram uma mudança radical. Reescreveram também a história de Israel, acrescentando novo material que adaptava o J e o E épico ao século VII, dedicando especial atenção a Moisés, que havia libertado os israelitas do Egito, numa época em que Josias almejava tornar-se independente do faraó. O clímax da história do Êxodo não era mais uma teofania no Sinai, mas a dádiva da Sefer Torah, e agora as tábuas que Jeová entregara a Moisés estavam inscritas com os Dez Mandamentos. Os deuteronomistas ampliaram a história do Êxodo para incluir a conquista das terras montanhosas do norte por Josué – um projeto para a reconquista dos territórios do norte por Josias[79]. Escreveram também uma história dos dois reinos, Israel e Judá, nos livros de Samuel e dos Reis, demonstrando que os monarcas davídicos eram os únicos soberanos legítimos de toda Israel. Sua história culminava no reinado de Josias, um novo Moisés e um rei maior que Davi[80]. Nem todo mundo estava enamorado pela nova Torah. O profeta Jeremias, que iniciou seu ministério por volta dessa época, admirava Josias e concordava com muitos dos objetivos dos reformadores, mas tinha reservas com relação a textos escritos: "a pena mentirosa dos escribas" podia subverter a tradição por mero ardil, e o texto escrito podia estimular um modo de pen-

---

[78] Êxodo 24:4-8. Este é o único lugar da Bíblia em que se encontra a expressão *sefer torah*. SCHNIEDEWIND, How the Bible Became a Book, p. 124-26.

[79] Juízes 2:7.

[80] 1 Reis 13:1-2; 2 Reis 23:15-18; 2 Reis 23:25.

A INVENÇÃO DO MONOTOTEÍSMO: *Deuses feitos de palavras*

sar artificial, concentrado na informação, e não na sabedoria.[81] Num estudo dos movimentos judaicos modernos, o eminente estudioso Haym Soloveitchik demonstra que a transição de uma tradição oral para textos escritos pode levar à estridência religiosa ao dar ao leitor uma certeza irrealista acerca de matérias essencialmente inefáveis.[82] A religião deuteronomista era com certeza estridente. Os reformadores descreviam Moisés pregando um programa de extinção violenta dos cananeus nativos: "Destruireis inteiramente todos os lugares onde os povos que ides expropriar costumavam prestar culto aos deuses... Derrubareis os altares, quebrareis as estelas, queimareis as estacas sagradas, despedaçareis as imagens talhadas de seus deuses e fareis desaparecer os nomes daqueles lugares".[83] Descreviam, com aprovação de Javé, Josué massacrando o povo de Hai como se fosse um general assírio:[84]

Os deuteronomistas haviam absorvido o ethos violento de uma região que experimentara quase 200 anos de brutalidade assíria. Os deuteronomistas que celebravam a reforma de Josias estavam convencidos de que Israel se encontrava no limiar de uma nova era gloriosa; contudo, em 622 a.C. ele foi morto num conflito com o Exército egípcio. Em poucos anos, os babilônios conquistaram Nínive, a capital assíria, e tornaram-se a maior potência da região. A breve independência de Judá terminou. Durante algumas décadas os reis prestaram vassalagem ora ao Egito, ora à Babilônia. Muitos ainda acreditavam que Judá estaria em segurança enquanto Jeová residisse em seu templo, embora Jeremias os advertisse de que desafiar a Babilônia era um gesto suicida. Finalmente, após duas rebeliões infrutíferas, Jerusalém e seu templo foram destruídos por Nabucodonosor em 586 a.C.

No exílio, os escribas debruçavam-se sobre os rolos no arquivo real. Os deuteronomistas acrescentaram passagens à sua história para explicar o desastre, que atribuíram às medidas religiosas de Manassés.[85]

---

[81] Jeremias 8:8-9; SCHNIEDEWIND, *How the Bible Became a Book*, p. 114-17.
[82] SOLOVEITCHIK, Haym. *Rupture and Reconstruction*: The Transformation of Contemporary Orthodoxy, Tradition, 28, 1994.
[83] Deuteronômio 12:2-3.
[84] *Notas da autora citada: Josué 8:24-5.*
[85] 2 Reis 21:10-15.

SACHA CALMON

Que argúcia tiveram os escribas! Jack Miles observa:

> Aparentemente, uma vez que Israel claramente violou a aliança e que a punição condigna foi imposta a Israel por meio da Assíria e da Babilônia, nada mais resta a ser feito. A história terminou. Cai o pano. Mas Deus não quer que o pano caia – sobre Deus. Se foi um ato de ousadia de algum escritor antigo imaginar as vitórias da Assíria e da Babilônia como ações divinas, algum outro escritor antigo assumiu o desafio de escrever um segundo ato para um primeiro ato que parecia não admitir um segundo ato. Nesse caso, o caminho para a continuação da ação repousava sobre o caráter do protagonista. O Senhor encontrou um caminho para dar continuidade à sua ligação com Israel, e, portanto, ao desenrolar de sua própria vida, provocando uma mudança em si mesmo[86].

Vê-se claramente que o Deus esquivo de Judá derrotado, a que se refere Miles, fora escrito no exílio da Babilônia. O texto se remete ao fim dos dois reinos, o do norte e o do sul. E, mais, as tribos do norte foram dispersadas e se fundiram com os demais semitas da região. A Assíria não os fixou em lugares determinados, foi uma dispersão bem-feita. Judá, porém, teve sua elite levada para a capital babilônica junto com o rei Joaquim.

Esta parte não é do tempo de Moisés, pos se fôsse todas as promessas de sucesso eterno feitas a Davi e depois a Josué de nada valeriam. E o povo saberia de antemão dos castigos vindouros e da destruição do reino de Judá (ao sul). No princípio da narrativa, a destruição seria contraproducente e desanimadora para os judeus. Faltaria futuro, sem o qual o tempo presente nada valeria, pois o intuito era retomar Israel (ao norte) e instaurar o reino davídico eterno. A cronologia da história dos hebreus é solenemente desprezada pelos cristãos. Poucos se dão conta de como Javé muda de figura à medida que a história hebraica

---

[86] MILES, Jack. *Deus*: uma biografia. Trad. José Rubens Siqueira. São Paulo: Companhia das Letras, 1.997, p. 210.

A INVENÇÃO DO MONOTOTEÍSMO: *Deuses feitos de palavras*

desenvolve-se no tempo. Ciro, rei da Pérsia, vence a Babilônia e devolve a Israel a liberdade sob tutela. É o tempo de Isaías. Prossegue Miles:

> Embora, como já indicamos, Deus fale de maneira diferente com cada profeta, revelando assim aspectos diferentes de si mesmo, ao falar com cada um deles ele está se referindo aos mesmos eventos de sua própria vida e ao mesmo conjunto de questões. Os eventos: Israel foi infiel a Deus; Deus puniu Israel. As questões: Deus e Israel podem começar de novo? Como? A relação de Deus com outras nações do mundo mudará agora? Como?

Israel e Judá não existem mais; há um povo, jamais um Estado. A glória prometida pelo Senhor ao seu povo já é coisa do passado. Agora também os castigos terríveis são coisas do passado. Deus teria considerado seus filhos já suficientemente castigados. De alguma forma, a aliança entre Deus e Israel tinha que continuar. E aí entra em cena o mistério de Deus. Ele não pode mais guerrear. Os tempos mudaram. Os grandes impérios se sucedem: Assíria, Babilônia, Pérsia. Logo viriam os gregos e uma nova civilização; depois Roma, o império invencível. É por isso que Miles assinala:

> O Primeiro Isaías não cabe em nenhum resumo; o Segundo Isaías sim. E seu resumo pode ser o seguinte: Israel pecou gravemente e merece castigo, mas, agora, o castigo recebido pode ser considerado adequado e, de fato, muito mais do que adequado. É hora de o Senhor confortar seu povo, e ele anseia por fazê-lo. Seu retorno, através do deserto, da Babilônia para Jerusalém, deverá ser uma marcha triunfal, eclipsando a glória de sua travessia do deserto desde o Egito. O Senhor dos Exércitos nomeou Ciro, rei da Pérsia, para derrotar a Babilônia e restabelecer Israel na montanha sagrada do Senhor em Jerusalém. Na visão do Segundo Isaías, Deus tem muito pouco de novo a dizer acerca de si mesmo ou de Israel. No entanto, ele transforma drasticamente seu temperamento por meio de omissões estratégicas, substituições e expansões, e pela adoção de um tom de solicitude terna, quase maternal, uma solicitude sem prece-

dentes, e isso tudo é ainda mais notável porque vem acoplado a uma ênfase igualmente nova em sua assombrosa singularidade como único Deus que não é uma invenção.

Algumas mudanças específicas:

1. Deus dispensa quase inteiramente outros oráculos de destruição, seja contra Israel, seja contra qualquer outra nação, exceto, uma vez, contra a Babilônia.

2. Ele se abstém de condenar Israel por falhas morais, exploração dos pobres, corrupção, etc., ou por qualquer outra ruptura da aliança mosaica. Moisés é mencionado apenas uma vez, e a retórica legal do Deuteronômio está completamente ausente.

3. Em sua maior parte, ao invés de invectivar contra o interesse de Israel pelo Baal cananeu no passado, ele caçoa da idolatria babilônica sem jamais sugerir que os judeus exilados tenham demonstrado qualquer interesse nela. Aqui, como em Números I e II, a premissa é que Israel, pecador agora perdoado, é digno desse glorioso novo relacionamento com o Senhor.

4. Tendo estabelecido a total não-realidade de todos os deuses concorrentes como meros objetos manufaturados, ele faz com que sua própria confiabilidade e invencibilidade como redentor pareça ainda mais poderosa, para isso referindo-se pródiga e eloquentemente a toda a sua história: criação, patriarcas, êxodo, conquista e uma aliança pessoal e eterna com a linhagem real de Davi.

5. Sem negar seu próprio poder, ele insiste de maneira nova no mistério, mais do que no poder, como fonte de sua santidade. A santidade só pode ser definida dialeticamente. Santo, sagrado é tudo o que é diverso de profano ou não-sagrado. O Senhor é santo porque é diverso da humanidade. Mas em que sentido? No Segundo Isaías, o Senhor insiste que conhece a humanidade, mas que a humanidade não o conhece e não pode conhecê-lo, pelo menos não sem ajuda. É dessa forma que ele e a humanidade diferem. Se a primeira aliança, agora rompida, era baseada na clareza da lei e suas exigências, esta nova aliança é centrada no mistério da personalidade do Senhor e em suas intenções incognoscíveis.[87]

O Senhor dos Exércitos desaparece. Agora é o Senhor do mistério e da esperança que está no topo da religião judaica.

---

[87] MILES, Jack. *Deus*: uma biografia. Obra citada, p. 250-1.

A INVENÇÃO DO MONOTOTEÍSMO: *Deuses feitos de palavras*

Isaías exige respeito ao *shabat*, fidelidade à aliança com Javé, sacrifícios animais e atribui ao Senhor Deus a qualidade de congregador dos "dispersos de Israel". Não predica Messias algum. O monte do Senhor, o Sião, é a casa do Deus de Jacó, em Jerusalém. É judaísmo em estado puro. Perdido o Estado, resta-lhe o cimento da religião, a lei mosaica.

Esse dualismo, essa preferência de Javé pelo seu pequeno povo, é tão forte que se refletirá no Novo Testamento. Os redatores ou escribas dos Evangelhos porão na boca do Senhor, a diretiva de que ele veio ao mundo para dar preferência às ovelhas tresmalhadas de Israel. Veja-se em Mateus 15:21-28:

> Partindo Jesus dali, retirou-se para os lados de Tiro e Sidom.
> E eis que uma mulher cananeia, que viera daquelas regiões, clamava: Senhor, Filho de Davi, tem compaixão de mim! Minha filha está horrivelmente endemoninhada.
> Ele, porém, não lhe respondeu palavra. E os seus discípulos, aproximando-se, rogaram-lhe: Despede-a, pois vem clamando atrás de nós.
> Mas Jesus respondeu: Não fui enviado senão às ovelhas perdidas da casa de Israel.
> Ela, porém, veio e o adorou, dizendo: Senhor, socorre-me!
> Então, ele, respondendo, disse: Não é bom tomar o pão dos filhos e lançá-lo aos cachorrinhos.
> Ela, contudo, replicou: Sim, Senhor, porém os cachorrinhos comem das migalhas que caem da mesa dos seus donos.
> Então, lhe disse Jesus: Ó mulher, grande é a tua fé! Faça-se contigo como queres.
> E, desde aquele momento, sua filha ficou sã.

Javé disse a Davi que seu reinado jamais teria fim. O que se viu? O reino se dividiu em dois, e ambos foram definitivamente destruídos. A emergência de novas e grandes potências na região fez com que os redatores da Torá passassem a enfatizar o destino de Israel como o de portador da mensagem monoteísta, uma vocação missionária entre as bestas humanas. Fracassou mais uma vez. As ramagens religiosas do cristianismo e do islamismo são as que passaram a ser dominantes em todo o Ocidente e parte do Oriente. A religião de Javé é menor que as facções protestantes do cristianismo e do que as seitas do islamismo. A engenhosidade dos redatores da Torá foi sem dúvida, notável. Isaías é a confirmação de que a "teoria dos sistemas" de Luhmann funciona mesmo. É a autopoiese religiosa recriando o sistema continuamente. Depois de perdidas as esperanças de hegemonia, destruído o sonho davídico, eis que o suspense recomeça. Novas promessas precisam ser feitas. E Isaías as faz:

> Por que, pois, dizes, ó Jacó,
> e falas, ó Israel:
> "O meu caminho está encoberto ao Senhor,
> e o meu direito passa despercebido ao meu Deus?"
> Não sabes, não ouviste que o eterno Deus,
> o Senhor, o Criador dos fins da terra,
> nem se cansa nem se fatiga?
> Não se pode esquadrinhar o seu entendimento. (40:27-8)

É essa incognoscibilidade de Deus que agora o faz importante, diferentemente do que ele sempre foi até então: claro, direto, presente. É o reverso do Senhor dos Exércitos. Moisés afirmara que o mandamento de Deus "*Não está nos céus para dizeres: Quem subirá por nós aos céus, que no-lo traga...*" (Deut. 30:12). Desde então, por mais dois milênios e meio, os judeus viverão entre os povos do mundo com o seu Deus vencido, agora confinado aos rolos da Torá. E os religiosos jamais desertarão do Messias redentor, sua eterna esperança.

Javé gera um filho:
o Deus-filho da trindade cristã

Agora, o revisionismo cristão.

Na tradição judaico-cristã, a conversão do terrível Senhor dos Exércitos no Deus das coisas não reveladas, cujo corifeu foi o Isaías 2, após a destruição dos reinos do norte e do sul, não é a única crise por que passa Javé. Outra ainda mais profunda, a crer-se em Jesus como seu filho unigênito, é sua transformação em Deus-pai de todos os viventes, deixando de lado a antiga aliança com o povo de Israel, mas sem renegar seu passado desde que se aproximou de Abraão, sem incomodar-se com a história dos homens de outras plagas do planeta Terra.

A Torá, sob o nome de "Velho Testamento", foi apropriada pelo cristianismo, que dela se serviu para justificar a morte de Jesus, identificando-o com o "servo sofredor" do Isaías 2. E, para ajustar o texto à inexplicável morte de um "Deus", inseriu no Novo Testamento a história da "túnica sem costura", sobre a qual seus inimigos lançaram sortes, mudando totalmente a interpretação dos rabinos judeus sobre os famosos Cânticos do Servo, da lavra de Isaías. Por isso as prédicas dos padres nas missas e noutras celebrações estão totalmente descontextualizadas da história real do povo judeu. E o sacrifício do "servo" virou o sacrifício de Jesus por nós.

A incorporação da Torá ao cristianismo trouxe problemas de difícil solução. Os cristãos transformaram Jesus, nascido de ventre de mulher, em Deus-filho. Fizeram um ato apotropaico. Jesus é dado em holocausto propiciatório ao seu próprio pai (Javé), para salvar o mundo e não apenas os judeus. Esse absurdo evento separou para sempre os judeus e a sua aliança com

Javé (Velho Testamento) dos cristãos e sua nova aliança com o Altíssimo (Novo Testamento). Que estejam no mesmo cânon é um contrassenso profundo, tendo em vista o multifacetado perfil bíblico de Javé, único e indivisível, eterno, celestial, jamais humano e mortal. Imolar um Deus, como um cordeiro, em prol de Javé é mais absurdo que sacrificar pessoas, prática energicamente repelida na Torá (em que pese o quase sacrifício de Isac).

A confusão gerada pela incorporação da Torá no cânon do cristianismo

Houve uma reviravolta religiosa entre o nascimento e morte de Jesus. O anjo que se anuncia a Maria diz que ele é o filho do Altíssimo e que lhe seria dado o trono de Davi para sempre. Após a morte de Jesus na cruz romana, o Evangelho joanino torna-o "cordeiro de Deus": uma oferenda ao Deus Altíssimo para tirar os pecados do mundo (de todos os viventes e não apenas de Israel). Além disso, passa-se a cogitar do "reino no céu" e não mais do "reino davídico" no Monte Sião.

Esse revisionismo religioso que muda totalmente o discurso de Javé, essa troca do reino de Davi em Jerusalém pelo reino de Deus num futuro céu, não poderiam ocorrer se, antes, a noção do "fim próximo do homem, do mundo e da história" não tivesse sido difundida. Os apocalipses são vários. Para os judeus, naquele tempo, o mais significativo foi o de Daniel (hoje nem o mencionam). Para os cristãos, vale o confuso e fantástico apocalipse de João. A obra de Cohn, por isso, é sumamente importante. A única tradição religiosa que põe fim ao mundo criado, bem tardiamente, é a do judaísmo apocalíptico, fruto do desencanto. O cristianismo e o islamismo mais não fizeram do que adotar o mito. É de ser lembrado que um Javé muito seguro de si havia dito que o reino de Davi seria eterno, como o sol e como a lua. (Salmos).

A INVENÇÃO DO MONOTOTEÍSMO: *Deuses feitos de palavras*

Miles[88], em *Cristo: uma crise na vida de Deus*, pergunta se há ruptura ou continuação. Conclui que há revisão radical. No Evangelho de Lucas, João Batista é tido por Elias redivivo.

> A passagem de Isaías que Lucas usa como linha mestra para esse episódio é, afinal, um oráculo de consolação, não de zombaria. Ela diz que Deus já acabou de punir Israel.[89]
> Consolai, consolai o meu povo,
> diz o vosso Deus.
> Falai ao coração de Jerusalém,
> bradai-lhe que já é findo o tempo da sua milícia,
> que a sua iniquidade está perdoada. (Isaías 40:1-2)

Mas Javé fala mais do que isso a Isaías. Ele não perdoa facilmente. Um pouco mais à frente, diz:

> Os presos se tirarão ao valente, e a presa do tirano fugirá porque eu contenderei com os que contendem contigo, e salvarei os teus filhos.
> Sustentarei os teus opressores com a sua própria carne, e com o seu próprio sangue se embriagarão como com vinho novo. Todo homem saberá que eu sou o Senhor, o teu Salvador e o teu Redentor, o Poderoso de Jacó. (Isaías 49:25-26)

Aduz Miles:[90]

> Beber o sangue uns dos outros: a visão de Israel do indizível horror final. Isso, e não qualquer outra coisa mais gentil ou mais benigna é o que deve ser compreendido da promessa divina citada por Lucas. Israel não se reconciliaria amigavelmente com os inimigos do Senhor, mas teria espetacular e esmagadora vitória sobre eles, e sairia gloriosamente premiada à custa deles:

---

[88] MILES, Jack. *Cristo: uma crise na vida de Deus*. Trad. Carlos Eduardo Lins da Silva e Maria Cecília de Sá Porto. São Paulo: Companhia das Letras, 2.002.
[89] Nota do tradutor de Miles: *O autor transcreve a seguir a tradução para o inglês desse trecho de Isaías que aparece na Bíblia King James e ressalta que essa versão se tornou famosa graças ao Messias, de Haendel, que também a utilizara na sua célebre composição musical.*
[90] MILES, Jack. Obra citada, p. 38-9.

Sacha Calmon

"Mamarás o leite das nações/ E te alimentarás ao peito dos reis".
(Isaías 60:16)

Sigamos o raciocínio de Miles:

Se o Senhor está prestes a intervir maciçamente em questões humanas, se o "Dia do Senhor" está à mão, quem será o agente dessa intervenção, e como será esse agente?

Será decepcionante para os judeus. A primeira ideia que nos vem à mente é que Jesus é um enviado, o Messias, e não um Deus em pessoa. Se Javé proibira imagens, como admiti-lo representado, preso, aprisionado num corpo humano? Sim, ele aparece como e quando quer: como pomba, no batismo protagonizado por João Batista; redemoinho, no Livro de Jó; sarça ardente, no Sinai, e até como um guerreiro, com a espada na mão perante Josué. Mas são aparições, e não presença física, andando, comendo, dormindo, enfim, vivendo e morrendo. O Jesus cristão é inconciliável com o Deus bíblico.

De todo modo, tanto Lucas como Mateus afiançam que ele teria vindo para salvar os judeus, a crer-se na aparição do anjo à Maria, a dizer que ele reinará no trono de Davi. Mas esse agente é o reverso do reverso do Javé poderoso e também do misterioso, que permearam a história dos hebreus ("as coisas ocultas somente a Deus pertencem").

O "cordeiro de Deus", "a morte do cordeiro" para "salvar o mundo do pecado" e, depois, a "ressurreição", formam uma unidade exegética, habilmente construída para explicar coisas inexplicáveis, uma expertise tipicamente judaica, ou melhor, rabínica. Vimos que Javé-Pai seguidamente castigou o Israel pecador. Ainda no deserto, porque reclamavam de fome e sede, Javé matou três mil com picadas de cobra. Javé usou a Babilônia para castigar os pecadores do "seu povo". Ora, qual o motivo agora

A INVENÇÃO DO MONOTOTEÍSMO: *Deuses feitos de palavras*

de se encarnar num corpo humano para salvar a humanidade inteira? Linhas atrás, o vimos duvidando se era certo operar milagre em favor de uma estrangeira. A transformação de Javé é feita por escribas judeus, porém cristãos. O judaísmo ficou com o Javé-Deus, sem tipo algum de encarnação, nascimento, morte e ressurreição, que são temas tardios do cristianismo helenizado.

O mais famoso versículo do Novo Testamento, no Evangelho segundo João, o mais dogmático de todos, diz ser tão grande o amor de Deus por nós que enviou seu filho unigênito para nos salvar, morrendo na cruz. A história atesta é que Jesus, não Deus, morreu!

A história que narra Jesus, à luz da história de Israel, é incongruente. É o uso da Torá para justificar teorias exóticas a respeito de Javé, um Deus orgulhoso, impiedoso e irascível. A metamorfose que se insinuou não é crível. Os cristãos falsificaram aquele cuja cabeça foi entregue na bandeja, como sendo o Elias redivivo que ungiu o Messias (Jesus). O Messias é uma promessa judaica, jamais cristã; e para os judeus piedosos o Messias ainda virá. É notável como o Evangelho atribuído a Lucas mostra-nos o nascimento de Jesus ligado ao sonho davídico. Ele virá para ocupar de uma vez por todas o trono de Davi, em prol da nação judaica, na qualidade de filho do Altíssimo, ou seja, Javé. E seu reino jamais terá fim, em prol da casa de Jacó, ou seja, em prol dos judeus. Mais uma vez, pela voz de Lucas, Javé falha, pois Jesus morreu na cruz! Para os judeus Jesus não era o Messias, por isso morreu.

Foi o sêmen de José, suposto descendente de Davi, o rei pecador, porém adorado pelos judeus de Jerusalém, que gerou no ventre de Maria o menino Jesus? Rezam os Evangelhos que não. Javé engendrou a gravidez de Maria por obra e graça do Espírito Santo.

> No sexto mês foi o anjo Gabriel enviado da parte de Deus para uma cidade da Galileia chamada Nazaré, a uma virgem desposada com certo homem da casa de Davi cujo nome era José; a virgem chamava-se Maria.

Sacha Calmon

E entrando o anjo onde ela estava, disse: Alegra-te, muito favorecida! O Senhor é contigo.
Ela, porém, ouvindo esta palavra perturbou-se muito e pôs-se a pensar no que significaria aquela saudação.
Mas o anjo lhe disse: Maria, não temas, porque achaste graça diante de Deus. Eis que conceberás e darás à luz um filho a quem chamarás pelo nome de Jesus.
Este será grande e será chamado Filho do Altíssimo; Deus, o Senhor, lhe dará o trono de Davi, seu pai; ele reinará para sempre sobre a casa de Jacó, e o seu reinado não terá fim.
Então disse Maria ao anjo: Como será isso, pois não tenho relação com homem algum?
E respondeu-lhe o anjo: Descerá sobre ti o Espírito Santo e o poder do Altíssimo te envolverá com a sua sombra: por isso também o ente santo que há de nascer será chamado Filho de Deus. (Lucas 1:26-35)

José, e não Maria, é que descenderia de Davi. A ascendência de Maria nunca foi mencionada, era "uma qualquer" como eram todas as mulheres em sociedades como aquela, rústica, patriarcal, escravocrata e misógina. Portanto, é como filho de José que Jesus tem linhagem real. Se José não é seu pai biológico, Jesus é ilegítimo como filho de Davi, e não seria o esperado Messias. O sermão da montanha é a favor dos pobres e oprimidos de Judá, toma partido, não se identifica com a elite javista (religiosa).

Bem-aventurados vós, os pobres, porque vosso é o reino de Deus.
Bem-aventurados vós os que agora tendes fome, porque sereis fartos.
Bem-aventurados vós os que agora chorais, porque havereis de rir.
Bem-aventurados sois quando os homens vos odiarem e quando vos expulsarem da sua companhia, vos injuriarem e rejeitarem o vosso nome como indigno, por causa do Filho do homem.
Regozijai-vos naquele dia e exultai, porque grande é o vosso galardão no céu; pois dessa forma procederam seus pais com os profetas.
Mas ai de vós, os ricos! Porque tendes a vossa consolação.
Ai de vós os que estais agora fartos porque vireis a ter fome.
Ai de vós os que agora rides! Porque havereis de lamentar e chorar.

A INVENÇÃO DO MONOTOTEÍSMO: *Deuses feitos de palavras*

Ai de vós quando todos vos louvarem! Porque assim procederam seus pais com os falsos profetas. (Lucas 6:20-26)

Jesus se mostra um agitador social, fora da linha profética de redenção de Israel. Fala de um Pai Altíssimo diferente do Javé Judaico. Há uma acentuada diferença entre os dois.

> Digo-vos, porém, a vós outros que me ouvis: Amai os vossos inimigos, fazei o bem aos que vos odeiam; bendizei os que vos maldizem, orai pelos que vos caluniam. Ao que te bate numa face, oferece-lhe também a outra; e ao que tirar a tua capa, deixa-o levar também a túnica; dá a todo o que te pede; e se alguém levar o que é teu, não entres em demanda. Como quereis que os homens vos façam, assim fazei-o vós também a eles.
> Se amais os que vos amam, qual é a vossa recompensa? Porque até os pecadores amam aos que os amam. Se fizerdes o bem aos que vos fazem o bem, qual é a vossa recompensa? Até os pecadores fazem isso.
> Amai, porém, os vossos inimigos, fazei o bem e emprestai sem esperar nenhuma paga; será grande o vosso galardão e sereis filho do Altíssimo. Pois ele é benigno até para com os ingratos e maus. Sede misericordioso como também é misericordioso vosso Pai.
> Não julgueis e não sereis julgado; não condeneis e não sereis condenado; perdoai e sereis perdoado, dai e dar-se-vos-á... porque com a medida com que tiverdes medido vos medirão também. (Lucas 6:27-38)

Miles, a esse respeito, observa que há um abismo entre o Jesus misericordioso, ebionista, que detesta os ricos e os falsos profetas, e o Javé feroz do Deuteronômio 1, obcecado pelo "seu povo" (Deuteronômio 2).

> Mas quão misericordioso o Pai se mostrou em sua carreira pregressa? Quão tipicamente bondoso foi o Altíssimo quando confrontado com os ingratos e os maus?
> Não é principalmente o que Deus diz, mas o que ele faz que o leva a parecer outro ser, diferente daquele cuja benignidade e neutralidade Jesus invoca. As ações do Senhor falam muito mais alto do que seus contratos. Entre o êxodo dos israelitas do Egito do faraó e

158

Sacha Calmon

sua entrada na terra prometida de Canaã, apenas entre pecadores israelitas naquele período de quarenta anos, o Senhor executa pelo menos 30 mil pessoas. Ele providencia que 3 mil sejam passados à espada depois do episódio do bezerro de ouro em Êxodo 32. Mais tarde, em Números 16, enterra vivos cerca de 250 rebeldes levitas e rubenitas, junto com suas mulheres, filhos e outros membros da casa. Com um cálculo conservador de doze por domicílio, contando concubinas e escravos, o total posto para morrer chega a outros 3 mil. Ainda mais tarde, o Senhor envenena mortalmente um número não mencionado, mas evidentemente grande de israelitas quando, irado com suas queixas de fome e sede, envia "serpentes abrasadoras" contra eles (Números 21). Por fim, depois de os homens israelitas coabitarem sexualmente com as sacerdotisas de um Deus de Canaã, ele promove o massacre de 24 mil (Números 25). Em nenhum momento, durante as andanças dos israelitas pelo deserto, o Senhor parece controlar a ira. Em certo ponto, muito ao contrário, chega a considerar o extermínio de toda a ingrata Israel e começar uma nova nação a partir dos descendentes de Moisés (Números 14:12). Moisés o compele a abandonar a ideia quando o avisa de que ela arruinaria sua reputação no Egito, e ao citar a linguagem de "ira sob controle" de Êxodo 34:6.

Um humano muda a "cabeça" de Deus?

Essa é a conduta de Deus com seus amigos. Como será a sua conduta com os inimigos? Como pode a caracterização que Jesus faz dele adequar-se, por exemplo, à descrição que faz de si mesmo ao profeta Habacuque? Em um poema bélico de fazer tremer estruturas, encontrado em Habacuque 3, o Senhor se retrata como um colosso de guerra que transformara seus poderes de criação em armas de destruição, sacudindo as montanhas, cortando leitos de rio na terra, passando por cima do mar e aterrorizando até o céu. O profeta que recebe a visão dessa turbulência cósmica treme de medo enquanto alterna descrições e preces ao guerreiro divino que alegadamente está vindo para resgatá-lo.

De fato, em Habacuque 3:5-6, 9-16 lê-se:

Adiante dele vai a peste e a pestilência segue os seus passos. Ele para e faz tremer a terra; olha e sacode as nações. Esmigalham-se os montes primitivos; os outeiros eternos se abatem.

A INVENÇÃO DO MONOTOTEÍSMO: *Deuses feitos de palavras*

Tu fendes a terra com rios. Os montes te veem e se contorcem; passam torrentes de água; as profundezas do mar fazem ouvir a sua voz e levantam bem alto as suas mãos.
O Sol e a Lua param nas suas moradas, ao resplandecer a luz das tuas flechas sibilantes, ao fulgor do relâmpago da tua lança.
Na tua indignação marchas pela terra, na tua ira calcas aos pés as nações.
Tu sais para salvamento do teu povo, para salvar o teu ungido; feres o telhado da casa do perverso, e lhe descobre de todo o fundamento.
Traspassas a cabeça dos guerreiros do inimigo com as suas próprias lanças, os quais como tempestade avançam para me destruir; regozijam-se como se estivessem para devorar o pobre às ocultas.
Marchas com os teus cavalos pelo mar, pelas massas de grandes águas.
Ouvi-o e meu íntimo se comoveu, à sua voz tremeram os meus lábios; entrou a podridão nos meus ossos, e os joelhos me vacilaram, pois em silêncio devo esperar o dia da angústia que virá contra o povo que nos acomete.

Miles não deixa por menos:

E Israel não deixa de entender o essencial e aprende a orar ao Senhor exatamente como o temível guerreiro que ele reivindica ser. Então, escolhendo uma passagem típica do Livro dos Salmos:
O nosso Deus é o Deus libertador; com Deus, o Senhor, está o escaparmos da morte. Sim, Deus parte a cabeça dos seus inimigos, e o cabeludo crânio do que anda nos seus próprios delitos. Disse o Senhor: de Basã os farei voltar, fá-los-ei tornar das profundezas do mar, mas para que banhes o teu pé em sangue, e a língua dos teus cães tenha o seu quinhão dos inimigos. (Salmos 68:20-23)
Se o que Jesus está dizendo é correto, então essas preces não podem mais ser oferecidas. O Senhor não pode mais ser elogiado por partir a cabeça de seus inimigos, porque ele não é mais um Deus do tipo que arrebenta cabeças. Mas não há como negar que o Senhor havia sido um esmagador de cabeças – tanto por sua performance como pela aspiração repetida infinitamente. No entanto, se ele não é mais assim, então deve ter mudado, mas qual seria a razão da mudança?
Uma resposta possível é que não haverá resposta, porque o Se-

SACHA CALMON

nhor entende que não quer que haja nenhuma resposta. Embora tenha insistido, quando falou a Moisés, sobre a clareza e a transparência de suas palavras e intenções. (Deuteronômio 30:11-12)

Bem avisado o leitor, prossigamos

Ouviste o que foi dito: Amarás o teu próximo e odiarás o teu inimigo. Eu, porém, vos digo: Amai os vossos inimigos e orai pelos que vos perseguem; para que vos torneis filhos do vosso pai celeste, porque ele faz nascer o seu Sol sobre maus e bons, e vir chuvas sobre justos e injustos. (Mateus 5:43-45).

Esse Deus benigno, esse Javé encarnado, é muito diferente do pai que ele estranhamente invoca. Quem seria o pai de Javé encarnado se não ele próprio? (Antes de tomar corpo de homem, depois de gerado em nove meses no ventre de Maria e ser parido como todos os bebês).

Miles faz questão de mostrar como Javé agia outrora:

Esse parece ser o essencial de um episódio revelador em I Reis 20. O Senhor havia prometido a Acabe, rei de Israel, vitória sobre Ben-Hadade, rei da Síria. A batalha transcorre como o prometido, mas os servos de Ben-Hadade o aconselham: Eis que temos ouvido que os reis da casa de Israel são reis clementes; ponhamos, pois, panos de saco sobre os lombos, e cordas à roda da cabeça [tradicional veste de penitência], e saiamos ao rei de Israel; pode ser que ele te poupe a vida (I Reis 20:31). Acabe de fato se mostra clemente, faz um acordo de paz generoso e poupa a vida de Ben-Hadade. O Senhor, porém, fica furioso com sua conduta: Porquanto soltaste da mão o homem que eu havia condenado, a tua vida será em lugar da sua vida, e o teu povo em lugar do seu povo. (I Reis 20:42)
Pode-se concluir que Deus não quer que seu povo seja mais clemente (ou menos vingativo) do que ele é. Nos livros de Samuel e de Reis, tanto quanto nos Evangelhos, Deus é o modelo. E parece seguir-se que Jesus captura com bastante fidelidade o espírito do velho mandamento quando diz: "Ouviste o que foi dito: Amarás o teu próximo e odiarás o teu inimigo". Jesus substitui essa conduta, que em suas raízes não é mais do que a

A INVENÇÃO DO MONOTOTEÍSMO: *Deuses feitos de palavras*

discriminação espontânea e natural que todas as pessoas, após a primeira infância, aprendem a fazer entre amigo e inimigo, por uma não espontânea e não natural recusa em discriminar. Seus seguidores são convocados a tratar a todos igualmente, tendo como seu modelo o Sol, que Deus faz brilhar sem discriminação "sobre maus e bons". Se essa nobre recusa em discriminar tivesse de ser problemática em algum lugar do mundo, com certeza seria em Israel, pois Israel passou a existir como nação de um ato orgulhosamente proclamado de indisfarçada discriminação por parte de Deus. O que Moisés sustentou como o pináculo da grandeza divina não poderia ser mais distante do indiferente brilho do Sol.

(...) algum povo ouviu falar a voz de algum Deus do meio do fogo, como tu a ouviste ficando vivo? Ou se um Deus intentou ir tomar para si um povo do meio de outro povo com provas, com sinais e com milagres, e com peleja, e com mão poderosa, e com braço estendido, e com grandes espantos, segundo a tudo quanto o Senhor vosso Deus vos fez no Egito aos vossos olhos? (...) Porquanto amou teus pais, e escolheu a sua descendência depois deles, e te tirou do Egito, ele mesmo presente, e com a sua grande força, para lançar fora de diante de ti nações maiores e mais poderosas do que tu, para te introduzir na sua terra e ta dar por herança como hoje se vê. (Deut. 4:33-34, 37-38).

A aliança de Deus com Israel é esse ato de discriminação, e ele nunca iguala Israel com outras nações, exceto quando incendiado pela raiva.

E em inúmeras outras ocasiões, ele se vangloria não por ser neutro, mas sim, ao contrário, por ser aberta e apaixonadamente discriminatório.

Então, o que aconteceu para, agora encarnado, segundo o cristianismo, como Jesus de Nazaré, ele passar a apresentar-se de forma tão diferente? Como Deus encarnado, Jesus com certeza se recorda claramente do que fizera, tempos atrás, com os amalequitas. Com certeza também se recorda de que prometera não menos que isso aos futuros opressores de Israel. O que o levou a renegar esses juramentos e assumir atitude tão completamente diferente? A raiz da mudança, como vimos, é algo mais radical do que um compromisso intensificado com a clemência, paciência e amor inabalável de Êxodo 34:6-7, algo mais do que um mero emudecimento da vingança que atravessa gerações. Não, Jesus exorta seus ouvintes a uma negação profunda, contra-intuitiva e do tipo "custe-o-que-custar" da mais básica das diferenças humanas: a diferença entre amizade e hostilidade. O que torna esse ideal inerente e substancialmente perturbador para Deus, tanto quanto para Israel, é que, na época em que Jesus faz essa pregação, tem atrás de si uma carreira de 2 mil anos baseada no reconhecimento e na exaltação de uma diferença acima de todas as outras – ou seja, a diferença entre Israel, o povo com que havia estabelecido a sua aliança, e todos os outros povos. Israel foi tudo para o Senhor. Desde o tempo em que estreitou seu foco da humanidade em geral ("frutificai e multiplicai") para Abraão ("farei tua descendência mais numerosa que as estrelas do céu"), cada uma de suas palavras ou de suas ações girou em torno de seu povo escolhido. O que poderia tê-lo induzido a nivelar a zero uma distinção sobre a qual havia baseado um compromisso pessoal tão definidor?[91]

Como se vê, a virada autopoiética é total; mas mantém-se contra todas as evidências. O nexo entre Javé (pai) e Jesus (filho) – embora sejam uma só pessoa, segundo o dogma trinitário de Nicéia – é a ponte em ruínas que liga o Novo ao Velho Testamento.

Como admitir que Javé seja o Deus-pai da trindade criada em Nicéia? Como admitir que os cristãos prestem culto ao Deus-pai hebraico, o temível e odiento Javé?

Há uma única explicação, porém inaceitável para os cristãos: Jesus foi apenas um episódio na história do povo judeu. A teogonia que conheceu em sua infância e na juventude era judaica. Isso, é claro, ocorreu também com os seus "discípulos". O cristianismo não tinha teogonia nem tradição. O jeito foi adotar as escrituras dos judeus, em que pesem as abissais diferenças entre Jesus e Javé.

---

[91] MILES, Jack. Obra citada, p. 130-9.

A INVENÇÃO DO MONOTOTEÍSMO: *Deuses feitos de palavras*

A *virada autopoiética que transforma Javé em trindade*

Não é possível idear um Deus (Javé) envolvido em crises psicológicas, a menos que ele seja um Deus literário – de fato o é – e Miles o trata como tal. Como judeus religiosos e cristãos insistem que Deus pensa como nós, dotado da mesma psiquê humana, com sentimentos, especialmente ira e violência, mas também compaixão, é preciso admitir que Javé e Jesus são completamente diferentes de Javé.

Jesus era um místico impregnado por profetas como João Batista ("o machado já está cravado na raiz da árvore"). Ele era profundamente inspirado pela pobreza voluntária dos essênios (ebionismo) e pela onda apocalíptica que tomara conta da Judeia, sob o domínio romano inexcedível, de tal modo que alimentava o renitente messianismo da gente mais simples do lugar.

Três lendas incendiavam os israelitas mais simples: a visão do Deus eterno a exaltar Israel; a iminente vinda do Messias; e o apocalipse tão repetido de Daniel, o espetacular fim do mundo. Junte-se essa misturada ideologia (o reino eterno de Javé e a glória final de Israel, já exausto, século após século de dominação estrangeira) e teremos o caldo de cultura do judaísmo polimorfo do tempo de Jesus.

Nesse universo desencontrado, o ascetismo dos essênios, o oficialismo dos fariseus siderados pela Torá (a lei divina) e o furor guerreiro dos zelotes, propriciavam o surgimento dos enviados do Deus Salvador, tais como João Batista, o que batizava em nome de Deus nas águas do Jordão, tal como faziam os saddhus indianos. É nesse universo que emerge Jesus de Nazaré, pregando o reino iminente do Pai e a redenção final num mundo renovado pelo amor e pela justiça.

Nosso autor arremata:

> Seja o que for que tenha provocado esse brilhante ajustamento da ideia de aliança (e estudiosos, significativamente, são unânimes em afirmar que todos os Evangelhos foram escritos após a destruição de Jerusalém em 70 d.C.), é conceitualmente análogo ao ajustamento efetuado quando as vitórias da Assíria e Babilônia foram definidas como ações punitivas de Deus. (...) O que a revisão cria, no final, é uma nova teodiceia, uma nova maneira pela qual se mantém a existência de um Deus e que ele ainda é importante em face de uma experiência histórica que indica o contrário[92].

A guinada autopoiética que ocorreu com a seita cristã, em relação ao judaísmo, pode ser compreendida pelo esquema seguinte, inspirado em Miles. Os judeus, obviamente esperavam, finalmente, que o Deus poderoso do Êxodo fizesse o que teria feito no passado, como anunciaram os profetas.

Em vez do Faraó,   Vencer César;
Em vez de servidão no Egito,   Acabar com a opressão de
                                            [Roma;

Em vez da conquista de Canaã,   Libertar a Judeia;
Em vez de Moisés e Davi,   O Messias salvador.

Mas Jesus propõe novos termos para a intervenção divina:

Em vez de vencer César,   Vencer o demônio;
Em vez da opressão de Roma,   Acabar com a servidão ao
                                            [pecado;

Em vez libertar a Judeia,   A vida eterna;
Em vez da esperança judaica   A vinda do Messias como
      [num Messias salvador   [Deus encarnado

---

[92] MILES, Jack. *Cristo*: uma crise na vida de Deus, p. 377.

A INVENÇÃO DO MONOTOTEÍSMO: *Deuses feitos de palavras*

É uma virada de 180 graus. O mundo estaria prestes a acabar ("acumulai tesouros no céu"). Mas ainda não acabou, daí as subsequentes adaptações. Aqui, mais uma vez, a tese de que os sistemas normativos religiosos, assim como os sistemas normativos jurídicos, são autotransformados pelo mecanismo da autopoiese. As sucessivas revisões da dogmática religiosa judaica e judaico-cristã bem o comprovam. A transformação do Deus-lar patriarcal em Senhor dos Exércitos e deste no Deus misterioso de Isaías é plausível, mas a sua transformação em pai de Jesus não, pois o Altíssimo Deus de Jesus é o oposto de Javé.

Para todos os efeitos, o cristianismo é a uma derivação do judaísmo, na medida em que incorpora a Torá como livro sagrado que contém as palavras de Deus, e torna Jesus um Deus imolado na cruz do inimigo: *"Eis o cordeiro de Deus que tira os pecados do mundo"* em nome do Pai, que só pode, ser o próprio Javé. Esse Deus de várias faces, de vários caracteres, de tempos diversos, é um Deus tenaz, constantemente adaptado às circunstâncias históricas. Um Deus feito de palavras. Os padres em suas homilias usam sempre uma expressão que os fiéis, mecanicamente, repetem sem cessar: "Palavras do Senhor". Fica no ar a razão de ter falado e prometido tantas coisas no passado (que não se realizaram). E agora emudeceu para sempre.

A transformação de Jesus em filho de Deus encarnado é uma distorção. Nenhuma religião ousou tanto. Nem mesmo na mitologia grega ou na hindu, embora nelas homens e deuses se unissem, até sexualmente. Não foi o judaísmo oficial o autor da proeza, mas a imaginação do cristianismo tardio e helenizado a partir do Evangelho de João (bem diferente dos Evangelhos sinóticos atribuídos a Mateus, Marcos e Lucas). O Evangelho de João inicia, cerca de 100 anos após a morte do Cristo, a dogmática cristã, embora mantenha como os sinóticos, a tese de que

Jesus morreu por causa de um "traidor" que o entregou aos seus algozes: os "judeus" e secundariamente aos "romanos".

A teologia subsequente atribuiu a morte e a dita ressurreição de Jesus a um plano divino de Javé, o Abba do Rabi da Galileia. Não nos diz o Evangelho de João que Deus, por nos amar tanto, deu em sacrifício seu próprio filho para nos salvar? Das duas uma, morreu por ter sido traído ou por ser um plano de Javé? Mas a quem imolou-se o cordeiro senão a si próprio? Se o Deus do cristianismo substancialmente é uno, não há como imolar o "Filho" ao "Pai". O antigo hábito hebreu de oferecer sacrifícios a Javé prevaleceu no enredo joanino.

Os romanos achavam as imediações do templo de Jerusalém um lugar nauseabundo, pois das canaletas repletas de sangue de animais sacrificados exalava um constante mau cheiro. Os sacrifícios de animais foram abolidos, mas o sacrifício do cordeiro imolado a bem dos pecadores nos remete diretamente ao chamado fenômeno apotropaico, comum às religiões primitivas. Este fenômeno consiste em oferendas de sangue de animais para agradar e saciar os deuses em troca de vantagens, as mais diversas (barganha entre homens e deuses). Aliás, a construção da eucaristia segue a mesma tradição. Quando o fiel engole a hóstia, é a carne e o sangue de Jesus que ele está engolindo, para honrar o seu "sacrifício".

Herdeiros de tradição judaica, os cristãos adotaram a Torá dizendo que as velhas escrituras previam a epopeia de Jesus. Baseiam-se em dois lugares. Um, no Cântico do Servo sofredor do profeta Isaías, mas em hebraico e grego os verbos estão no tempo passado. O "servo" é o povo judeu. O outro está em Daniel, cuja redação já se deu no período helenístico, e não quinhentos anos antes. A certa altura o anjo Gabriel diz que se demorou por estar lutando com o rei da Grécia. Daniel, no seu apocalipse inacabado, diz que o Ancião dos Dias (Javé) julga a humanidade ao lado

A INVENÇÃO DO MONOTOTEÍSMO: *Deuses feitos de palavras*

do Filho do homem. Se a composição fosse antiga, a Grécia, pós-Alexandre, que dominava Judá, não poderia estar presente na profecia...

Outra parte do cânon judaico utilizada por alguns teólogos cristãos para construir um liame entre Javé e Jesus está em Isaías 7:14, muito embora o profeta quisesse se referir ao nascimento do rei Ezequias, na interpretação dos exegetas judaicos. Duas expressões teriam sido confundidas pelos redatores da Septuaginta (tradução grega do chamado "Velho Testamento"), pois *Almah*, significa *jovem moça*, e foi traduzido como "virgem", que é *betulah* em hebraico.

A Bíblia hebraica dispõe:

> Portanto o Senhor mesmo vos dará sinal. Eis que a jovem conceberá e dará à luz a um filho e lhe chamará Emanuel (Deus conosco). Isaías 7:14

A Bíblia das "Testemunhas de Jeová" captou melhor os dizeres hebraicos e assim traduz a fala de Javé a Acaz:

> Portanto, o próprio Jeová vos dará um sinal. Eis que a própria donzela ficará grávida e dará à luz a um filho e ela há de chamá-lo pelo nome de Emanuel.

A confusão entre *Almá* ou *Almah*, significando moça, mulher jovem apta à reprodução, com *betulah* (virgem) na Septuaginta grega e depois na Vulgata (a Bíblia passada do grego para o latim) resultou no mito da "Virgem Maria". Esta, apesar de engravidar e parir, conservaria inexplicavelmente a condição biológica de virgem (como se a maternidade maculasse, ao invés de engrandecer essa função da mulher).

Da virgindade antes da concepção e depois do parto, advém o culto católico da "Imaculada Conceição". Por oposição, todas as outras grávidas seriam maculadas (Jesus ficará no ventre de Maria apenas alegoricamente, sem alterar a sua virgindade, confundida com "pureza"). Ela apenas teria emprestado o seu ventre para o nascimento do menino-Deus, obra de Javé, o Deus -pai da cristologia.

Nada autoriza afirmar que o Deus-pai era outro Deus, diverso de Javé, cuja biografia mostra-o vingativo, feroz e castigador. Um teólogo cristão, seguidor de Paulo, chamado Marciano ou Marcião, tentou cortar o vínculo e disse que Cristo era um enviado de Deus e que esse Deus não era Javé; mas a Igreja cristã, em formação, declarou-o herético.

Aqui calha bem uma comparação. Para fazer Eva, a "Mãe da Humanidade", Javé modelou-a com barro e uma costela de Adão. Foi feita já adulta e sexuada. No entanto, para gerar o seu Deus-filho, o fez criança e mortal e, além disso, não o fez sozinho, precisou do ventre de uma mulher, exaltando o gênero feminino. Javé respeitou a maternidade e a mulher, seu veículo. Então, por obra do Espírito Santo, Maria teria parido um filho de Deus. Mas Jesus, como ser humano, era conhecido. Ficava difícil dizê-lo Deus, sem mais nem menos. Sua deificação viria séculos depois, quando seus contemporâneos já haviam morrido.

A luta mortífera pelos despojos da seita cristã entre Paulo e Tiago, o irmão de Jesus

A transformação de Javé em pai de Jesus não foi um processo fácil, nem rápido, e suscitou um oceano de heresias. Assim surgiu o cristianismo, acentuando na pessoa de Jesus a fé inabalável no Pai, no paraíso e seu amor pelos pobres e desprotegidos. O triunfo da Igreja cristã dividiu para sempre os judeus entre cristãos e javistas.

Paulo, ainda jovem, assistiu ao apedrejamento de Estêvão. A cena ficou impressa em sua memória, transformando-o aos pou-

A INVENÇÃO DO MONOTOTEÍSMO: *Deuses feitos de palavras*

cos até o dia decisivo da ruptura com o zelo dos fariseus, classe a que pertencia.

Ao ser lapidado, Estêvão dissera que Jesus era o espírito de Deus, mas que seu reino não era desse mundo e que a salvação estava ao alcance da mão, bastando ter fé. Nesse sentido foi um precursor. *"E se Cristo não ressuscitou, a nossa pregação é vazia e a nossa fé em vão"* (1 Coríntios 15:17), disse Paulo, iniciando a cristologia. Estêvão, até hoje, é idolatrado pelos espíritas e Paulo pelos protestantes. Pedro é preferido pelo catolicismo. Paulo pregava que Cristo era o salvador da humanidade, e não o Messias dos judeus.

Não era isso que o irmão de Jesus, Tiago, pensava. A divergência evoluiu para uma luta feroz. Paulo esteve a ponto de perder a batalha, já em Roma, aonde Pedro chegara antes. Perto de Jerusalém, Tiago vinha ganhando a mente e o coração dos judeus-cristãos (90% dos crentes eram judeus). Isso durou até quando os romanos, irritados com o fanatismo político-religioso dos judeus destruíram o templo e Jerusalém. E os judeus se dispersaram pela região agrícola e cidades do Oriente próximo e da Europa.

Os romanos fizeram mais, deixaram de exercer a *evocatio* em relação ao Deus judeu, ou seja, não levaram a "Estrela de Davi" para Roma, onde com outros deuses dos povos vencidos recebiam donativos e honras em templos próprios.

O que interessava a Roma era o domínio político, comercial e militar, jamais os vários cultos religiosos de seu multifacetado império, pleno de etnias, povos e crenças diversificadas. Depois da destruição de Jerusalém as comunidades da diáspora passaram a descrer de um Javé inútil nesse mundo e a crer num pai espiritual, noutra dimensão. Mas até que isso acontecesse, muita água passou pelo ribeirão que tocava o moinho da seita cristã, antes dela tornar-se a religião do império romano e, por con-

SACHA CALMON

sequência, do mundo ocidental, pouco importando suas posteriores divisões: diversas igrejas ortodoxas, a católica romana e as inúmeras seitas e confissões tidas por protestantes (fragmentação sectária).

Os poucos discípulos enfrentaram sérias dificuldades após a crucificação pública e espetacular de Jesus. O sistema de dominação romana continuava. Os pequeninos, pobres e humildes não tomariam o lugar dos ricos e poderosos na Terra. Acontecera com Jesus, o que já tinha ocorrido e continuaria a ocorrer com os que ousavam, fossem zelotes, bandidos ou autoproclamados Messias, a desafiar Roma e a aristocracia local, sua aliada (a teocracia judaica era a maior no mundo oriental). O desânimo veio como uma noite escura e desarvorou os seguidores da seita, pequena e periférica (Galileia).

A ressurreição era improvável e absurda. Justamente por isso, todo o esforço autopoiético tinha que nela se concentrar. Primeiro foram versões. Logo apareceram boatos e mais boatos e também objeções lógicas. Mas tudo que é velado, misterioso, atraía o espírito dos crentes numa terra em que só se falava em Deus, Messias, profetas, milagres e leis religiosas para tudo, desde comer até como se devem limpar as mulheres menstruadas. Pode-se até dizer que os judeus eram, desde os exageros da deuteronomia, um povo marcadamente religioso.

No momento em que aparecem as primeiras versões escritas da ressurreição décadas tinham-se passado. Os escribas já estavam afiados para registrar as versões em voga. Os discípulos viram sombras, fantasmas? Jesus não comeu, em corpo e alma, peixes com os discípulos? (Lucas 24:36-39). O corpo foi subtraído para a tumba na rocha ficar vazia? Mateus nega o suborno dos guardas postos pelo Sinédrio, como uma "história" inventada pelos judeus (Mateus 28:1-13). Ademais, não fora o próprio Jesus que dissera sobre a sua prisão, sofrimento, morte e ressur-

A INVENÇÃO DO MONOTOTEÍSMO: *Deuses feitos de palavras*

reição? Lucas deixa por escrito o aparecimento de Jesus já ressuscitado, abordando a questão entre discípulos decepcionados que esperavam fosse ele aquele que redimiria Israel. O ressurrecto diz que tudo já estava previamente descrito nas escrituras (na lei mosaica, nos Salmos, nos Cânticos, nos profetas – como Isaías – e na mente de Deus) conforme Lucas 24:44-46.

Mas o Jesus descrito por Mateus é vago, impreciso, quanto aos lugares exatos em que sua morte estaria prevista, nem indica o lugar de tais previsões na Torá. Daí a dificuldade para convencer a massa judaica com interpretações forçadas sobre o "servo" descrito por Isaías.

Advém disso o redirecionamento da esperança messiânica. O reino pregado por Jesus estava ligado ao fim dos tempos, que podia chegar a qualquer momento. O reino seria celestial e não no Monte Sião. Lidas de modo correto, as escrituras judaicas expressariam o contrário do que todos pensavam. O mesmo se devia fazer com as misteriosas parábolas do Nazareno. Jesus seria depositário de segredos confiados por Deus, e que só os apóstolos mais queridos sabiam. Por outro lado, os apóstolos não arredavam os pés de Jerusalém, a "cidade sagrada", nem tampouco se afastaram do templo e da Torá. Repudiavam, como Jesus, o domínio de Roma e a corrupção da aristocracia religiosa, a viver dos negócios do templo e dos escorchantes dízimos cobrados dos pobres, dos rurícolas, do povo de um modo geral. Pedro e Tiago, irmão de Jesus, mantiveram sua fidelidade à lei (Torá).

A "Assembleia de Jerusalém" era a "cabeça" do movimento cristão (cristianismo judaico, longe da futura trindade, perto do Messias). E, assim seria, até que Jerusalém fosse arrasada e queimada. Os judeus da diáspora, em Alexandria, Corinto, Antioquia, Gálata, tornaram-se cosmopolitas e aculturados pelas ideias gregas e costumes romanos. Adotaram o casamento patriarcal monogâmico, contrariamente à poligamia semita, já limitada pela pobreza. Falava-se o grego e não aramaico e, muito menos, o hebraico, em desuso. A Torá deles era a Septuaginta, escrita em grego, favorecendo a mistura do Gênesis e das lendas mosaicas com a filosofia grega sobre a lógica e a substância das coisas. Eram, portanto, diferentes dos judeus que viviam na província natal sob o domínio ostensivo de Roma.

No livro dos Atos (6:1) vê-se que as comunidades cristãs foram cindidas em duas correntes, a dos hebreus, a viverem na Judeia, e os helenistas a viverem nas cidades da diáspora, onde o grego era a língua franca, menos na Itália onde predominava o latim. Somadas as discrepâncias doutrinais e as disputas pelo dinheiro, necessário às obras sociais, logo teremos bem expostos os conflitos teológicos entre as duas correntes. Quando eclodiu o conflito, os helenistas enviaram a Jerusalém sete líderes para discutir o assunto: Filipe, Próculo, Nicanor, Timão, Parmenas, Nicolau e Estêvão, cuja morte cruel nas mãos de uma multidão furiosa (cristã e não-cristã) iria tornar permanente a dicotomia dentro da seita nascida da pregação de Jesus, que nunca foi clara sobre como seria o paraíso e como se daria a redenção de Israel.

Depois do sacrifício de Estêvão – por ter chamado Jesus de Deus – os helenistas começaram a ser malvistos e perseguidos. A assembleia de Jerusalém escapou indene, pois era fiel ao judaísmo clássico.

A certa altura, surge um fato decisivo que foi a mágica conversão de Saulo de Tarso. A queda do cavalo é invencionice de Lucas, devoto de Paulo. Note-se que nos Atos dos Apóstolos pontifica mais Paulo que os outros. Há, inclusive, uma acusação velada de homicídio intencional de Safira e de seu marido, dois idosos, atribuída a Pedro (Atos 5:2-11). Na verdade, nos Atos, o sucessor de Jesus não é Tiago, Pedro ou João, mas Paulo. O "apóstolo" Paulo jamais confirmou o tal episódio fantástico na estrada para Damasco, sua cegueira e posterior cura por Ana-

A INVENÇÃO DO MONOTOTEÍSMO: *Deuses feitos de palavras*

nias. (Os Atos vêm a lume cerca de 30 anos após a morte de Paulo, em Roma).

Paulo era um judeu zeloso, misógino, afobado, e, até certo ponto, narcisista, "o judeu por excelência", diria mais tarde Nietzsche, que embora não fosse antissemita, não gostava de Paulo. Este dizia com orgulho *"Não vi eu a Jesus, Senhor nosso?"* (1 Coríntios 9:1). Lucas – cuja personalidade mudou com os anos nesse ponto, nega a Paulo o título de apóstolo. Para ele tinha que ser alguém que tivesse acompanhado Jesus em suas andanças. Seriam os doze? 12 eram as tribos de Israel... Por isso mesmo, o zelote ou zelota Judas Iscariotes foi substituído por Matias. Mas Paulo não sossegava:

> Se eu não sou apóstolo para os outros, ao menos para vós o sou; (1 Coríntios 9:2).
> São hebreus? Também eu. São israelitas? Também eu. São da descendência de Abraão? Também eu. São ministros de Cristo? Eu ainda mais: em trabalhos, muito mais em prisões; em açoites, sem medida; em perigos de morte, muitas vezes. (2 Coríntios 11:22-23)

Ele detesta os "pilares da Igreja" fiéis à Torá, um "livro de mortes", Tiago, Pedro e João, sediados em Jerusalém: *"... Esses, digo, que pareciam ser alguma coisa, nada me acrescentaram"*. (Gálatas 2:6).

Paulo diz falar diretamente com Deus, ou seja, com Jesus divinizado como Cristo, que lhe segreda instruções. Paulo, em verdade, sequer sugere que é mais um entre os apóstolos. Ele se afirma "o" apóstolo, o único que sabe toda a verdade.

As teses de Paulo eram chocantes para os judeus cristãos de Jerusalém, fiéis ao Jesus histórico. Jesus não disse que veio para fazer cumprir a lei? Ele acusava a aristocracia sacerdotal exatamente por descumpri-la. Por vezes a intensificou, caso da proibição do homicídio, antecipada para a intenção de matar; caso do adultério masculino, antecipado para o desejo pela mulher alheia (Mateus 5:22 e 5:28). Jesus considerava pecado a simples intenção de matar e o desejo pela mulher do próximo. Daí nos confessionários católicos a pergunta do padre: "pecou contra a castidade, em intenções, palavras e obras?" (E muitos exigem os detalhes dos pecados alheios).

Paulo não tinha o menor interesse pelo Jesus histórico, o homem; somente pelo Jesus idealizado, o Cristo (o ungido), não mais o Messias judaico (o prometido). Paulo terá quatro encontros com seus inimigos, sendo que o último preparou a sua morte. O pomo da discórdia está em Paulo: o Cristo paulino não é sequer humano: embora tivesse vindo sob a forma de homem (Filipenses 2:7), ele sempre existiu, coexiste com a criação do Universo por Deus (1 Coríntios 8:6). Ele é a descendência física de Deus – para os fins da salvação pelo amor e pela fé (Romanos 8:3). Ele é o Adão que nasceu no céu. Adão era ser vivente; Cristo espírito vivificante (1 Coríntios 15:45-47).

Pela crença, qualquer um pode se tornar um com Cristo no céu (1 Coríntios 6:17). Os cristãos de Jerusalém não podiam aceitar essas teses universalistas. Em 57 d.C. Tiago requer que, pela quarta vez, Paulo vá explicar seus desvios em Jerusalém.

Reza Aslan,[93] especialista em religiões semitas e cristãs, da Universidade de Harvard, faz os melhores relatos do que foram esses encontros:

> Como ele menciona em sua Carta aos Gálatas, inicialmente conheceu os apóstolos em uma visita à cidade sagrada três anos após sua conversão, em torno de 40 d.C., quando ficou cara a cara com Pedro e Tiago. Os dois líderes ficaram aparentemente emocionados pelo fato de que "aquele que tinha nos perseguido agora está proclamando a mensagem de fé que antes procurava

---

[93] ASLAN, Reza. *Zelota - A vida e a época de Jesus de Nazaré*. Rio de Janeiro. Zahar, 2013, p. 208-13. Título em inglês: Zealot (The life and times of Jesus of Nazareth).

A INVENÇÃO DO MONOTOTEÍSMO: *Deuses feitos de palavras*

destruir" (Gálatas 1:23). Glorificavam Deus por causa de Paulo e mandaram-no seguir seu caminho para pregar a mensagem de Jesus nas regiões da Síria e Cilícia, oferecendo-lhe como companheiro e protetor um judeu convertido e confidente próximo de Tiago chamado Barnabé.

A segunda viagem de Paulo a Jerusalém ocorreu cerca de uma década mais tarde, em algum momento dos anos 50 d.C., e foi muito menos cordial do que a primeira. Ele tinha sido convocado para comparecer perante uma reunião do Conselho Apostólico para defender seu papel autodesignado como missionário para os gentios (Paulo insiste que não foi convocado a Jerusalém, mas que foi até lá por vontade própria, porque Jesus disse a ele para ir). Com seu companheiro Barnabé, e um convertido grego incircunciso chamado Tito a seu lado, Paulo se apresentou diante de Tiago, Pedro, João e os anciãos da Igreja de Jerusalém para defender fervorosamente a mensagem que estavam divulgando entre os gentios.

Lucas, escrevendo sobre essa reunião cerca de quarenta ou cinquenta anos depois, pinta um quadro de perfeita harmonia entre Paulo e os membros do Conselho, com o próprio Pedro defendendo Paulo e ficando a seu lado. De acordo com Lucas, Tiago, na qualidade de líder da assembleia de Jerusalém e chefe do Conselho Apostólico, abençoou os ensinamentos de Paulo, decretando que dali em diante os gentios seriam bem-vindos na comunidade, sem ter que seguir a lei de Moisés, desde que "se abstivessem de coisas poluídas por ídolos, de prostituição, de [comer] coisas que foram estranguladas e de sangue" (Atos 15:1-21). A descrição que Lucas faz da reunião é uma manobra evidente para legitimar o ministério de Paulo, carimbando-o com a aprovação de ninguém menos que o "irmão do Senhor". No entanto, o relato do próprio Paulo sobre o encontro com o Conselho Apostólico, escrito em uma Carta aos Gálatas não muito depois de ter ocorrido, pinta uma imagem completamente diferente do que aconteceu em Jerusalém.

Paulo afirma ter sido emboscado no Conselho Apostólico por um grupo de "falsos crentes" (os que ainda estão aceitando a primazia do templo e da Torá) que vinham secretamente espionando-o e a seu ministério. Embora Paulo revele poucos detalhes sobre a reunião, ele não consegue disfarçar a raiva pelo tratamento que diz ter recebido dos "líderes supostamente reconhecidos" da Igreja: Tiago, Pedro e João. Paulo diz que "se recusou a submeter-se a eles, mesmo por um minuto", uma vez que nem eles nem a opinião deles sobre o seu ministério faziam qualquer diferença para ele (Gálatas 2:1-10).

SACHA CALMON

Seja o que for que aconteceu durante o Conselho Apostólico, a reunião parece ter sido encerrada com uma promessa de Tiago, o líder da assembleia, de não obrigar os seguidores gentios de Paulo a serem circuncidados. No entanto, o que aconteceu logo depois indica que ele e Tiago estavam longe de terem se reconciliado: quase imediatamente depois de Paulo ter deixado Jerusalém, Tiago começou a enviar seus próprios missionários às congregações dele na Galácia, Corinto, Filipos e na maioria dos outros lugares onde ele havia construído um grupo de seguidores, para corrigir seus ensinamentos não ortodoxos sobre Jesus.

Paulo ficou indignado com essas delegações, que ele viu, corretamente, como uma ameaça à sua autoridade. Quase todas as epístolas de Paulo no Novo Testamento foram escritas após o Conselho Apostólico e são dirigidas às congregações que haviam sido visitadas por esses representantes de Jerusalém (a primeira carta de Paulo aos tessalônicos foi escrita entre 48 e 50 d.C.; a última, endereçada aos romanos, foi escrita por volta de 56 d.C.). É por isso que esses textos dedicam tanto espaço a defender o status de Paulo como um apóstolo, divulgando sua conexão direta com Jesus e protestando contra os dirigentes em Jerusalém que, "disfarçando-se em apóstolos de Cristo", são na verdade, na visão de Paulo, servos de Satanás que enfeitiçaram os seus seguidores (2 Coríntios 11:13-15).

No entanto, as delegações de Tiago parecem ter tido algum impacto, pois Paulo reprova repetidamente suas congregações por abandoná-lo: "Estou espantado com a rapidez com que abandonaram aquele que vos chamou." (Gálatas 1:6). Ele implora a seus seguidores que não ouçam essas delegações – ou, aliás, qualquer outra pessoa –, mas apenas ele: "Se alguém prega um evangelho diferente do evangelho que vós recebestes [de mim], que ele seja amaldiçoado." (Gálatas 1:9). Mesmo que o evangelho venha "de um anjo no céu", escreve Paulo, suas congregações devem ignorá-lo (Gálatas 1:8). Em vez disso, devem obedecer a Paulo e apenas a Paulo: "Sede meus imitadores, como eu o sou de Cristo". (1 Coríntios 11:1).

Sentindo-se amargo e não mais preso à autoridade de Tiago e dos apóstolos em Jerusalém ("Seja o que eles forem não faz diferença para mim"), Paulo passou os anos seguintes expondo livremente sua doutrina de Jesus como Cristo. Se Tiago e os apóstolos estavam totalmente cientes das atividades de Paulo durante esse período é discutível. Afinal, Paulo estava escrevendo suas cartas em grego, uma língua que nem Tiago nem os outros sabiam ler. Além disso, Barnabé, a única ligação de Tiago

A INVENÇÃO DO MONOTOTEÍSMO: *Deuses feitos de palavras*

com Paulo, tinha-o abandonado logo após o Conselho Apostólico, por razões que não são claras (embora valha mencionar que Barnabé era um levita, e como tal provavelmente teria sido um observador rigoroso da lei judaica). Independentemente disso, por volta de 57 d.C., os rumores sobre os ensinamentos de Paulo não podiam mais ser ignorados. E assim, mais uma vez, ele é convocado a Jerusalém para se defender.

Dessa vez, Tiago confronta Paulo diretamente, dizendo-lhe que chegara a seu conhecimento que Paulo estava ensinando os crentes "a se apartarem de Moisés" e "a não circuncidar seus filhos nem observar os costumes [da lei]" (Atos 21:21). Paulo não responde à acusação, embora fosse isso exatamente o que vinha ensinando. Ele chegara mesmo a ir tão longe a ponto de dizer que aqueles que se deixavam circuncidar estavam "se separando de Cristo" (Gálatas 5:2-4).

Para esclarecer as questões de uma vez por todas, Tiago força Paulo a participar com outros quatro homens de um rigoroso ritual de purificação no templo – o mesmo templo que Paulo acredita ter sido substituído pelo sangue de Jesus –, pois assim "Todos saberão que não são verdade os rumores sobre ti, e que tu observas e cumpres a lei!" (Atos 21:24). Paulo obedece; ele parece não ter escolha. Mas, quando ele está completando o ritual, um grupo de judeus devotos o reconhece. "Homens de Israel!", gritam eles. "Socorro! Este é o homem que tem ensinado a todos, em toda parte, contra o nosso povo, a nossa lei e este lugar." (Atos 21:27-28). Subitamente, uma multidão se arma em torno de Paulo. Eles o prendem e o arrastam para fora do templo. No momento em que estão prestes a linchá-lo, um grupo de soldados romanos aparece de repente. Os soldados dispersam a multidão e prendem Paulo, não por causa da perturbação no templo, mas porque o confundiram com outra pessoa. "Tu não és o Egípcio, que alguns dias atrás liderou uma revolta de 4 mil sicários no deserto?", um tribuno militar pergunta a Paulo (Atos 21:38).

Parece que a chegada de Paulo a Jerusalém em 57 d.C. não poderia ter sido em momento mais caótico. Os sicários tinham começado o seu reinado de terror um ano antes, matando o sumo sacerdote Jônatas. Eles estavam agora desenfreadamente assassinando membros da aristocracia sacerdotal, incendiando suas casas, sequestrando suas famílias, semeando medo nos corações dos judeus. O fervor messiânico em Jerusalém estava no auge. Um a um, os candidatos ao manto do messias haviam surgido para libertar os judeus do jugo da ocupação romana. Teudas, o milagreiro, já tivera a cabeça cortada por Roma por causa de suas aspirações messiânicas. Os filhos rebeldes de Judas, o Galileu, Jacó e Simão, haviam sido crucificados. O chefe dos bandidos Eleazer, filho de Dinaeus, que estava devastando a zona rural, abatendo samaritanos em nome do Deus de Israel, havia sido capturado e decapitado pelo prefeito romano Félix. E, por fim, o Egípcio aparecera no Monte das Oliveiras, prometendo fazer os muros de Jerusalém desmoronarem sob o seu comando. Para Tiago e os apóstolos em Jerusalém, o tumulto só podia significar uma coisa: o fim estava próximo, Jesus estava prestes a retornar. O reino de Deus que eles haviam acreditado que Jesus iria construir enquanto estava vivo seria agora, finalmente, estabelecido – razão a mais para assegurar que os que defendiam ensinamentos desviantes em nome de Jesus fossem trazidos de volta para o rebanho.

Sob essa luz, a prisão de Paulo em Jerusalém pode ter sido inesperada, mas considerando-se as expectativas apocalípticas em Jerusalém, ela não vinha em mau momento. Se Jesus estivesse prestes a voltar, não seria má ideia manter Paulo esperando em uma cela de prisão, onde, pelo menos, ele e seus pontos de vista perversos poderiam ser contidos até que Jesus pudesse julgá-los ele mesmo. Mas como os soldados que prenderam Paulo pensaram que ele fosse o Egípcio, enviaram-no rapidamente para ser julgado pelo governador romano, Félix, que nesse momento estava na cidade costeira de Cesareia, tratando de um conflito que irrompera entre os judeus e os habitantes sírios e gregos. Embora Félix finalmente inocentasse Paulo dos crimes do Egípcio, ele, no entanto, jogou-o em uma prisão de Cesareia, onde Paulo definhou até Festo substituir Félix como governador e prontamente transferir Paulo para Roma, a seu pedido. (...) Nascera em Tarso, uma cidade cujos habitantes tinham recebido a cidadania romana de Marco Antônio, um século antes. Como cidadão, Paulo tinha o direito de exigir um julgamento romano, e Festo, que serviria como governador por um período extremamente breve e tumultuado em Jerusalém, parecia feliz em conceder-lhe isso, mesmo que por nenhuma outra razão senão a de simplesmente se livrar dele.

Pode ter havido uma razão mais urgente para Paulo querer ir a Roma. Após o espetáculo embaraçoso no templo, em que ele foi forçado a renunciar a tudo o que estava pregando há anos, Paulo queria ir o mais longe possível de Jerusalém e da corda cada vez mais apertada colocada ao redor de seu pescoço por Tiago e os apóstolos. Roma parecia o lugar perfeito. Era a Cidade Imperial, a sede do Império Romano.

A INVENÇÃO DO MONOTOTEÍSMO: *Deuses feitos de palavras*

Os destinos trágicos de Paulo, Pedro e Tiago e o triunfo das ideias paulinas

Lucas relata a vida de Paulo até sua ida à capital do império, e sequer menciona que Pedro estava na cidade. O que se sabe é do mal-estar dos romanos a respeito cada vez maior movimento político-religioso na Palestina contra o cetro romano. A começar por Nero, os romanos ansiavam por arrasar a terra dos judeus e, de fato, fariam isto muito brevemente, não deixando pedra sobre pedra, inaugurando uma dispersão que praticamente durou dois mil anos e findou-se com a Resolução da ONU que aprovou a criação dos Estados de Israel e da Palestina sem a menor interferência do velho Senhor dos Exércitos, ou seja, Javé, o Deus-pai de Jesus, o Cristo de Paulo.

Sobre Pedro, o vacilante, e Paulo, o pugnaz, a historiografia não retrata os respectivos últimos dias e são, no entanto, dos "santos" mais importantes da cristandade, mormente da Católica Apostólica Romana. Diz a lenda que Nero confundia com rara ignorância – pois tinha conselheiros – o culto judaico clássico, o cristianismo judaico baseado em Jesus, bem como as prédicas cristológicas de Paulo. Tomou-os como uma coisa só. Eram asseclas dos bandidos, zelotes e judeus exaltados que estavam conturbando a Judeia e mandou persegui-los lá e na própria Roma. Pedro e Paulo teriam morrido em 66 d.C., na capital imperial.

Também Tiago, o justo, muito estimado em Jerusalém, onde o seu zeloso ministério se fazia acompanhar de fraternas obras sociais entre os pobres, na esteira do ebionismo de Jesus e do desapego dos essênios e batistas (seita co-irmã), melhor sorte não haveria de ter. Sua morte foi registrada pelo historiador Josefo na obra *Antiguidades*.

Corria o ano de 62 depois de Cristo. O fervor javista e revolucionário dos judeus eram incessantes. Sicários e bandidos roubavam abertamente em Jerusalém e devastavam os campos, tornando ainda mais miserável a população rural. Quando Pórcio Festo, então governador da Judeia, morreu repentinamente, demorou algum tempo antes de Roma mandar o sucessor. Foi o tempo necessário para Ananus, o sumo sacerdote de plantão, tido por Josefo como amigo inseparável do dinheiro, não perdesse tempo. Acusou Tiago de blasfêmia contumaz e ofensa à lei judaica, a insistir na aura messiânica de Jesus, a quem chamavam abertamente de Messias (não, porém, de Deus). O Sinédrio sentenciou-o a ser apedrejado até a morte. Seu corpo virou uma massa informe e sanguinolenta estirada no chão. A reação à execução de Tiago (que viu com Paulo, ainda imberbe, a execução de Estêvão pelos judeus) se fez ruidosa e logo se espalhou em Jerusalém e adjacências. Um grupo de anciões tidos por todos como homens de grande experiência e justiça, indignou-se com o oportunismo de Ananus e levaram suas queixas a Albino, que de Alexandria vinha para a Judeia ocupar o cargo vacante de Festo. Albino escreveu a Ananus repreendendo-o pela audácia de mandar matar pessoas sem a autorização formal de Roma, e de fomentar rebeliões como se já não bastassem as perturbações político-religiosas tão comuns na Judeia fanatizada. Prometeu-lhe castigo exemplar, pouco lhe importando ser o sumo sacerdote do Santo dos Santos, representante de Javé na Terra. Ele que esperasse por sua chegada. Os sacerdotes logo tiraram Ananus do posto e o esconderam em lugar distante, sob guarda.

Quando Albino chegou, disseram-lhe que o sumo sacerdote fugira para lugar incerto e não sabido. Em seu lugar ficou interinamente um sacerdote chamado Jesus ben Damneus. Josefo, ao narrar o episódio, gasta 90% das palavras a falar de Tiago e, de passagem, de Jesus (o que é importante por ser fonte extra-e-

A INVENÇÃO DO MONOTOTEÍSMO: *Deuses feitos de palavras*

vangélica sobre o Jesus histórico) – como observado por Harold Bloom. Diz ele que morrera *"Tiago, irmão de Jesus, o que eles chamam de Messias"*, dando conta assim da real existência da Igreja de Jerusalém. Essa Igreja, judaico-cristã, passará depois para as mãos de Simeão, filho de Cléofas, que era primo carnal de Jesus de Nazaré. Depois disso, dois netos de Judas, outro irmão de Jesus, comandaram a seita até que ela desaparece com a destruição de Jerusalém.

Mortos os três, Paulo, Pedro e Tiago resta perguntar a razão de Pedro agigantar-se, Paulo crescer como doutrinador e Tiago decrescer em importância. Vamos lá. Pedro foi tido como primeiro Bispo de Roma, ou bispo dos bispos, logo que Roma tornou-se o centro do cristianismo. Cumpria diminuir Tiago. Afora isso, Tiago era autêntico, mas sua doutrina estava ligada à Torá tribal. Além disso, era irmão de Jesus. Ora, deuses não podem ter irmãos...

Mas Roma precisava de uma religião universalista. A recuperação da doutrina paulina fez-se então fulminante e logo dominou a diáspora. Se Marciano ou Marcião tivesse vivido um século depois, a Bíblia cristã não teria uma linha sequer da Torá no seu cânon. O Velho Testamento teria deixado de existir para o mundo cristão romanizado. Marciano ao tentar organizar o Novo Testamento excluiu a Torá, o Velho Testamento, mas foi obstado pelos judeus da escola de Tiago.

Reza Aslan sobre esse ponto, referenda-o.

> A concepção de Paulo sobre o cristianismo pode ter sido uma anátema antes de 70 d.C., mas, depois, sua noção de uma religião inteiramente nova, livre da autoridade de um templo que já não existia, aliviada de uma lei que não mais importava, e divorciada de um judaísmo que havia se tornado pária, foi entusiasticamente abraçada por convertidos em todo o Império Romano. Assim, em 398 d.C., quando, segundo a lenda, outro grupo de bispos se reuniu em um conselho na cidade de Hippo

Regius, na Argélia moderna, para canonizar o que se tornaria conhecido como o Novo Testamento, eles optaram por incluir nas escrituras cristãs uma carta de Tiago, o irmão e sucessor de Jesus, duas cartas de Pedro, o chefe dos apóstolos e primeiro entre os Doze, três cartas de João, o discípulo amado e pilar da Igreja, e quatorze cartas de Paulo, o pária desviado que foi rejeitado e zombado pelos líderes em Jerusalém. De fato, mais da metade dos 37 livros que agora compõem o Novo Testamento são ou de Paulo ou sobre Paulo. Isso não deveria surpreender. O cristianismo depois da destruição de Jerusalém era quase exclusivamente uma religião de gentios, que precisava de uma teologia gentia. E isso foi precisamente o que Paulo forneceu. A escolha entre a visão de Tiago, de uma religião judaica ancorada na lei de Moisés e derivada de um nacionalista judeu que lutou contra Roma e a visão de Paulo, de uma religião romana que se divorciou do provincianismo judeu e nada exigia para a salvação, a não ser a crença em Cristo, não foi uma tarefa difícil para a segunda e terceira gerações de seguidores de Jesus.

Dois mil anos depois, o Cristo da criação de Paulo subjugou totalmente o Jesus da história. A memória do zelota revolucionário que atravessou a Galileia, reunindo um exército de discípulos com o objetivo de estabelecer o reino de Deus na Terra, o pregador magnético que provocou a autoridade do sacerdócio do templo em Jerusalém, o nacionalista judeu radical que desafiou a ocupação romana e perdeu, ficou quase completamente perdida para a história[94].

A autopoiese é soberana. Se o Deus universal cristão é o Deus judeu encarnado, e Jesus é o filho amado de Javé (sob os protestos e as risadas dos judeus ortodoxos), Javé é Jesus e pai de si mesmo, sob os auspícios do Espírito Santo... O "cordeiro de Deus" sacrificou-se por nós, a si próprio. Eis o mistério da trindade, uma cogitação totalmente absurda, porém necessária para acomodar o Deus judeu da Torá (o Pai) ao Deus cristão-paulino (o Filho).

---

[94] ASLAN, Reza. Ob. cit. p. 232-3.

A INVENÇÃO DO MONOTOTEÍSMO: *Deuses feitos de palavras*

A trindade teísta fere de morte as categorias filosóficas gregas, fontes do dogma

O arranjo da trindade foi engendrado por autopoiese, embora seja um dogma altamente falho desde a sua concepção. Luiz Marques[95], da Escola de Altos Estudos em Ciências Sociais de Paris, e professor da Unicamp, mostra como o Concílio de Niceia construiu o dogma cristão, torcendo e torturando a lógica certeira da filosofia grega:

> A história da Igreja conta 21 Concílios ecumênicos (universais), dos quais os primeiros oito (325-870) foram realizados no Oriente, sob a influência mais ou menos preponderante dos imperadores romanos daquela parte remanescente do império. Encontrando-se a doutrina cristã ainda em fase de magma, o foco maior desses primeiros concílios só poderia ser de natureza doutrinal. Sua agenda consistia em conferir estabilidade e coerência a uma doutrina em formação que, sob o prisma da tradição filosófica grega, oferecia numerosos impasses e dilemas lógicos. Essa necessidade de conciliar filosofia grega e dogma religioso pode parecer incompreensível aos olhos de hoje, mas era historicamente inevitável. Embora de origens hebraicas, o cristianismo partia de um estágio já muito helenizado do próprio judaísmo e desenvolveu-se na esfera da civilização helenística que então impregnava todas as margens do Mediterrâneo. O Novo Testamento é escrito em grego e emprega termos já consagrados pela especulação filosófica. Seus primeiros intérpretes, os Apólogos e os Pais da Igreja Grega, eram homens formados nas escolas de filosofia e de retórica gregas. Concretamente, para esses concílios "gregos", realizados em Niceia, Éfeso, Calcedônia e Constantinopla, tratava-se de fazer com que a tradição filosófica helênica, ancorada na metafísica platônica e na lógica aristotélica, se adaptasse aos três dogmas basilares do

---

[95] MARQUES, Luiz. *Revista História Viva* – Grandes Temas. Edição especial temática n. 20, Ediouro, Segmento-Duetto Editorial Ltda., edição brasileira de História das Publicações Tallandier, p. 27-33.

SACHA CALMON

cristianismo: a consubstancialidade primeira do Pai e do Filho, o mistério da transubstanciação eucarística (isto é, a transformação da substância do pão e do vinho no corpo e no sangue de Cristo) e a unidade da dupla natureza (divina e humana) de Cristo. Já pelos termos em que se definem esses três dogmas, vê-se logo que presenciamos, aqui, uma apropriação pela teologia cristã do conceito grego de substância (ousia). Desde o primeiro volume do Organon de Aristóteles – o livro sobre as Categorias (Capítulo V) –, sabemos que há uma substância primeira e uma substância segunda. A substância primeira diz respeito ao indivíduo no que ele tem de singular e inconfundível com outro. A substância segunda é, ao contrário, o que um indivíduo tem, por analogia, em comum com outro do mesmo gênero. Por exemplo, por sua substância primeira, Apolo é diferente de Zeus; mas, por sua substância segunda, Apolo é idêntico a Zeus, já que têm em comum o fato de serem deuses. O cristianismo afirma naturalmente uma idêntica substância segunda do Pai e do Filho, isto é, o fato de ambos serem de natureza divina (tal como Zeus e Apolo). Mas, para não recair no politeísmo, ele deve proclamar, também, que ambos, Pai e Filho, eram idênticos em sua substância primeira, o que dinamitava as categorias da lógica aristotélica. Segundo problema: na tradição filosófica grega (e posterior), define-se substância como o que é necessário para algo ser o que é. Substância opõe-se, nesse sentido, a acidente, que é algo apenas contingente, isto é, que pode ou não existir. Por exemplo, a cor de uma casa é um acidente, não um traço substancial ou necessário dela. O acidente pode mudar, a substância permanece. Mas o dogma da transubstanciação subvertia a hierarquia lógica entre substância e acidente, pois o pão e o vinho da eucaristia continuavam a ser, no que tinham de acidente (seu aspecto exterior), pão e vinho, mas passavam a ser outra substância, isto é, corpo e sangue de Cristo. No mistério da eucaristia, a substância é que muda, enquanto o acidente permanece, o que é logicamente um contrassenso (de onde, de resto, seu estatuto de mistério). Terceiro problema: a cristologia confirmada pelo Concílio de Calcedônia (451) afirmava a unidade substancial da dupla natureza de Cristo. A humanidade de Jesus não era um acidente de sua divindade, nem sua divindade, um acidente de sua humanidade. Jesus era tão substancialmente homem quanto substancialmente Deus. Ora, toda a tradição platônica se baseava na irredutível tensão entre aparência e essência, entre o mundo dos fenômenos e o mundo das ideias, isto é, entre

185

A INVENÇÃO DO MONOTOTEÍSMO: *Deuses feitos de palavras*

o sensível e o inteligível. Mas a encarnação do Verbo confundia estes dois níveis de realidade em um único ser e, ao fazê-lo, punha por terra uma das estruturas portantes do racionalismo antigo. O Concílio de Trento restaura com força essa tríade dogmática da religião cristã ao firmar duas resoluções. Em primeiro lugar, a unicidade de sentido do texto revelado: só a Vulgata, o texto latino da Bíblia, é a Bíblia, e a interpretação de seu conteúdo pelos concílios anteriores é a única admissível. A pretensão protestante de compreender a doutrina cristã a partir de uma leitura coletiva do texto sagrado, ainda por cima traduzido para se fazer acessível às diversas congregações dos fiéis, era condenada da forma mais peremptória. Tão importante quanto a unicidade de sentido do texto revelado era, em segundo lugar, a centralidade dos sete sacramentos (Lutero mantivera apenas dois) e principalmente a eucaristia, vale dizer, a realidade efetiva da transubstanciação em cada ato eucarístico da missa. Ser católico significará, antes de mais nada, acreditar na transubstanciação dominical, perene reencarnação do Verbo, mistério que resume os demais em si.

Após o oitavo concílio ecumênico, o de Constantinopla IV (869-870), já não mais reconhecido pelas Igrejas ortodoxas, os 13 sucessivos tiveram lugar na Europa, nove dos quais na Itália, dois em Lyon, um em Viena e outro em Constância (o de Basileia terminou na Itália). Uma vez sedimentado o aparato dogmático do cristianismo, a pauta de tais reuniões tendeu a migrar das questões doutrinárias, tipicamente gregas, para as questões jurídicas e rituais, tipicamente latinas, posto que herdeiras da grande tradição do formalismo contratual do direito e da religião de Roma. Tais questões conciliares dirão agora respeito aos diversos contratos que regulamentam, de um lado, o funcionamento interno da Igreja e, de outro, as relações entre esta e a sociedade, isto é, o rebanho de fiéis.

Se o Concílio de Trento foi o mais importante da história conciliar, ele o foi justamente porque enfrentou, ao mesmo tempo, as complexas questões dogmáticas da tradição grega e as mais cruciais questões jurídico-institucionais legadas pela tradição romana. No âmbito do Direito, ele levou ao último grau do refinamento o caráter dialético e retórico do processo de detecção e incriminação do dissenso, processo que, ao menos formalmente, impunha-se uma série de etapas indiciárias, da audição da defesa ao estabelecimento da prova e ao recurso, como condições indispensáveis para a condenação final. A burocracia judiciária e a ritualização procedimental dos tribunais da In-

SACHA CALMON

quisição constituem o primeiro grande precedente moderno do processo kafkiano.

O capítulo mostra de modo pungente como os doutores da Igreja romanizada, já religião do Estado, torturaram de caso pensado, os conceitos filosóficos dos gregos para dar respeitabilidade ao dogma trinitário, ou seja, três deuses numa só pessoa.

O DIVÓRCIO ENTRE JUDAÍSMO E CRISTIANISMO

A *percepção judaica da trindade*

Será agora vista por um americano de ascendência judaica a sólida repulsa do judaísmo ao dogma trinitário, após a barafunda dogmática do cristianismo em formação, sob os auspícios do pensamento grego e do direito romano. É hora de ir a Harold Bloom, o intelectual e crítico literário norte-americano.

> Javé foi e ainda é a personificação mais misteriosa de Deus até hoje ensaiada pela humanidade; no entanto, ele iniciou a carreira como monarca guerreiro do povo a que chamamos de Israel. (...) Jack Miles, o Boswell de Javé, no livro God: A Biography (Deus: uma biografia), retrata um Javé cujo ponto de partida é uma espécie de falta de autoconhecimento mesclada com poder total e alto grau de narcisismo. Após diversos desastres divinos, conclui Miles, Javé perde o interesse (inclusive em si mesmo). Miles nos faz lembrar, com correção, que Javé, em 2 Samuel, promete a Davi que Salomão há de encontrar um segundo pai no Senhor, adoção que abre o precedente para Jesus afirmar que é filho de Deus. O Jesus histórico, evidentemente, insistia tanto em sua autoridade para falar por Deus quanto em sua íntima relação com o abba (pai), e, nesse particular, vejo poucas diferenças entre ele e seus precursores, entre os profetas carismáticos de Israel. A diferença autêntica surgiu com o advento do Deus teológico, Jesus Cristo, com o qual a linha da tradição é, efetivamente, rompida.[96]
> O Jesus de Marcos afirma uma autoridade que, em dados momentos, mascara certa apreensão quanto à vontade de Javé, o abba tão amoroso quanto inescrutável. Somente o Jesus de Marcos passa por uma noite de angústia, diante da morte imi-

---

[96] BLOOM, Harold. *Jesus e Javé*: os nomes divinos. Trad. José Roberto O'Shea. Rio de Janeiro: Objetiva, 2006, p. 18-9.

SACHA CALMON

nente. Se, conforme pensa MacDonald, o sofrimento de Jesus repete o de Heitor, no final da Ilíada, é questão que não pode ser resolvida. Jesus morre após pronunciar uma paráfrase aramaica do Salmo 22, um clamor de Davi, seu antepassado, um pathos distante daquele constatado em Homero. Indubitavelmente, o Jesus histórico existiu, mas jamais será encontrado, nem precisa sê-lo. Jesus e Javé Os Nomes Divinos não visa à busca. Meu único objetivo é sugerir que Jesus, Jesus Cristo e Javé são três personagens totalmente incompatíveis, e explicar como e por que isso se dá. Entre esses três seres (se assim for possível chamá-los), Javé é o que me deixa mais aturdido, e, basicamente, rouba a cena neste livro. São infindas as deturpações a ele impostas, inclusive por grande parte da tradição rabínica, bem como por pesquisas que permanecem abafadas – quer de origem cristã, quer de origem judaica ou leiga. Javé continua sendo o maior personagem literário, espiritual e ideológico do Ocidente, seja ele conhecido por nomes tão diversos como Ein-Sof ("sem fim", na Cabala) ou Alá (no Alcorão).[97]
O Novo Testamento tem sido revirado por séculos de estudo minucioso, mas de todo esse trabalho não resulta o mínimo de informação que exigiríamos no caso de qualquer outra questão similar. Ninguém sabe quem escreveu os quatro Evangelhos, e ninguém é capaz de precisar quando e onde foram compostos, tampouco que tipos de fontes lhes servem de base. Nenhum dos autores conheceu Jesus; sequer ouviram-no pregar. O historiador Robin Lane Fox defende a hipótese contrária, em favor do Evangelho de João, mas o argumento constitui uma das raras aberrações de Fox. Até mesmo Flávio Josefo, escritor brilhante e mentiroso inveterado, mostra-se muito mais interessado em João Batista do que em Jesus, objeto de não mais que um punhado de menções supérfluas.
Raramente, antigos profetas judaicos e supostos Messias transformavam-se em anjos, e jamais no próprio Javé, motivo pelo qual Jesus Cristo (e não Jesus de Nazaré) é um Deus cristão, e não judaico. A grande exceção é Enoque, que caminhava ao lado de Javé, e foi por ele alçado ao céu, sem ter de passar pelo incômodo da morte. Nas alturas, Enoque é Metatron, anjo tão excelso que chega a ser "o Javé Menor", com um trono só para si. Consta que o rabino Elisha ben Abuyah, o mais célebre dos antigos minim (gnósticos) judaicos, tenha ascendido, a fim de verificar que Metatron e Javé sentavam-se em tronos posiciona-

---

[97] *Idem, ibidem*, p. 20-1.

A INVENÇÃO DO MONOTOTEÍSMO: *Deuses feitos de palavras*

dos lado a lado. Ao retornar, o rabino gnóstico (conhecido pelos oponentes como Acher, "o Outro", ou "o Estranho") proclamou a heresia suprema: "Há dois deuses no céu!"[98] O cristianismo interpreta a passagem do Servo Sofredor, em 2 Isaías (52, 13; 53, 12) como a profecia da crucificação. Será que o amor divino assume nova dimensão, quando Javé entoa o cântico do Servo Sofredor? Nenhum sábio rabínico ou exegeta judeu da atualidade diria que sim, mas tal atitude, na prática, relega a questão à desleitura que o cristianismo faz deste poema extraordinário. Embora muito deva aos predecessores, o 2 Isaías é poeta-profeta contumaz, e sua originalidade é assustadora, ao criar a metáfora do Servo Sofredor. É importante notar que o Servo não é figura messiânica no texto hebraico. O texto 2 de Isaías celebra o rei Ciro da Pérsia, de modo bastante explícito, como o Messias, porque o propósito do profeta é convencer os israelitas acomodados na Babilônia a abandonar o exílio e retornar a Jerusalém, libertação que lhes é proclamada por Ciro, o Messias. A Diáspora Babilônica pode ser vista como extremamente similar à condição atual dos judeus norte-americanos, que jamais retornarão ao Sião. O texto de 2 Isaías não parece ter persuadido a maioria dos que viviam confortavelmente na Babilônia a optar por uma existência árdua em Jerusalém.[99]

Não adianta disfarçar. Os judeus e o judaísmo percebem o cristianismo como uma farsa, uma blasfêmia ao Deus judaico, único e eterno, com a absurda trindade que torna Javé pai de si mesmo.

Os cristãos creem que Joshua ben Joseph foi o Messias, o Deus Jesus Cristo, encarnado, milagrosamente, no ventre de Miriam, sua virgem mãe, e que ele agora reina eternamente como vice-rei de Deus Pai, na companhia do Espírito Santo, de legiões de anjos e de multidões por ele redimidas e salvas.
Esse Deus Pai cristão exibe apenas uma leve semelhança com

---

[98] *Idem, ibidem*, p. 37-8.
[99] *Idem, ibidem*, p. 218; 221. Notem que, na versão tirada diretamente da Torá, "o servo" já se imolou; na versão cristã, irá se imolar. Mitologia é assim mesmo; criação humana, servindo aos interesses dos que a escreveram, especialmente a mitologia judaico-cristã, tão "histórica".

190

Javé, o Próprio Deus, chamado de Alá no Alcorão e de vários outros nomes na Ásia e na África. Nietzsche nos advertia a sempre indagar: "Quem é o intérprete, e que poderio ele busca exercer sobre o texto?" No ano de 2004, no momento em que escrevo este livro, só podemos esperar que Javé não volte a exigir a reconstrução do templo, pois a mesquita Al Aksa foi erigida na área que correspondia ao templo, e já temos guerras religiosas suficientes, podendo prescindir de uma catástrofe final. Fanáticos, em Jerusalém e espalhados pelo fundamentalismo protestante norte-americano, estão sempre a conspirar a destruição da mesquita inconveniente, e bezerros de puro sangue são criados nos Estados Unidos, como oferendas potencialmente capazes de atrair Javé de volta às imediações do templo. Se Jesus Cristo – Deus verdadeiro e homem verdadeiro – está absolutamente distante de Javé (suponhamos, ao contrário de Yeshuá de Nazaré), isso ocorre porque formulações teológicas gregas e memórias da experiência hebraica são, simplesmente, antitéticas.[100]

O Javé da Torá, o Javé da Bíblia cristã (onde aparece como Deus-pai), o Cristo teológico e Alá são um e mesmo Deus; mas seus seguidores andam em eterno antagonismo. Um só Deus e muitos verbos antagônicos.

O monoteísmo torna-se trinitário no cristianismo

O cristianismo é a penúltima revisão do monoteísmo judaico. Opera inovadora modificação no papel a ser desempenhado por Javé, bem como na sua própria natureza.[101] A construção da trindade é paulatina e surge da doutrina de Paulo, consolidada por Cons-

---

[100] BLOOM, Harold. Obra citada, p. 269-70.

[101] A última revisão – a islâmica – viria seis séculos depois. O anjo Gabriel (o mesmo que inspirou Daniel a escrever o seu incompleto apocalipse e anunciou a encarnação de Javé no ventre da Virgem Maria) irá instruir Maomé a profetizar pela última vez e a restaurar a unicidade do Divino, já agora com o nome de Alá, o misericordioso: "Só há um Deus e Maomé é o seu profeta".

A INVENÇÃO DO MONOTOTEÍSMO: *Deuses feitos de palavras*

tantino (de fato o primeiro papa) no Concílio de Niceia, em meio a uma tempestade de cismas, doutrinas diversas, seitas, polêmicas e heresias pronunciadas por autoridades teológicas embrionárias. Não era para menos. É intrigante a encarnação de um "Deus" que depois se deixa matar para salvar a humanidade; ele que era um Deus orgulhosamente dos judeus e de mais ninguém.

O cristianismo ou a "seita do Caminho" (como a intitula Paolo Flores D'Arcais, em seu livro *Jesus: a invenção do Deus cristão*)[102] surgiu do *mainstream* judaico, fundado na crença da iminente chegada do Messias redentor do povo judeu, teocrático e apocalíptico. A abertura do cristianismo para os gentios irá ocorrer depois da derrocada do templo de Jerusalém e da volta igualmente iminente do Cristo ressuscitado. Jesus teria dito que a sua geração não passaria sem que o Filho do homem (o Messias, um ser humano ungido pelo Senhor e dotado de poderes) viesse ao mundo ao lado direito de Deus (Javé) para julgar os pios e os ímpios (juízo final), após o fim do mundo (apocalipse) e instaurar o reino dos céus (a parusia).

O monoteísmo das religiões não reveladas da Ásia, além da Índia (taoísmo, budismo, xintoísmo), é mais antigo e mais filosófico, intuído ao invés de revelado, pois Deus para ser Deus – e nisso a razão casa-se com o misticismo – deve necessariamente ostentar três atributos: ser eterno (jamais ter princípio ou fim), ser único e primeira razão do Universo, e todo poderoso, pois os contradeuses (demônios dotados de poder) lhe retirariam a unicidade e a potência de acabar com o mal. Ora, tanto o judaísmo quanto o hinduísmo, o islamismo e o cristianismo estão repletos de espíritos malignos extremamente poderosos e permanentes, capazes de contrariar Deus, apossando-se das almas humanas, danando a

---

[102] D'ARCAIS, Paolo Flores, in *Gesù* – L'invenzione del Dio cristiano. 2ª ed. Torino: ADD Editora, 2011.

criação, instigando o pecado em seres desprotegidos, com o fito de livrar "Deus" da responsabilidade de conviver com o mal, a maldade e a desgraça humana.[103] Nesse sentido, o monoteísmo judaico, antes de ser uma novidade, é uma repetição conforme padrões já devidamente mostrados pela sociologia das religiões. Somente para exemplificar: possessões, exorcismos, espíritos imundos, sacrifícios apotropaicos, invocações de divindades benéficas e maléficas de mistura com a percepção de um Deus maior, Deus de todos os deuses, distante, demiurgo e majestático são um padrão recorrente nas religiões antigas da África, da Europa e da Ásia, inclusive nas religiões mais primitivas, como o xamanismo dos mongóis e o curandeirismo na Polinésia, e entre os índios americanos. O cristianismo, e antes dele o judaísmo, jamais dispensaram uma Corte celestial ou angelical, ou seja, deuses menores, seres imortais, anjos e santos (e, claro, também os imortais demônios).

No monoteísmo judaico-cristão, a primeira fase é a do Deus de Abraão, o Deus sem nome, o Deus-lar, o Deus solícito dos "patriarcas". A segunda fase descontada a oclusão egípcia onde não se ouve falar de Javé é a do Deus irado e furibundo, o Baal da Montanha, mais conhecido como o Senhor dos Exércitos, que se anuncia entre raios e trovões para libertar "seu povo", dar-lhe a lei e conduzi-lo à terra prometida. A terceira fase já é exílica. Deixaram de existir Israel (reino do norte) e Judá (reino do sul) e, portanto, Javé já não pode mais prometer vitórias nem reinos territoriais; torna-se distante e promete dor de plenitude espiritual a "seu povo". É a fase do Deus misterioso, inescrutável, bem diverso do Deus do Êxodo. Isaías 2 é, por excelência, o profeta do Deus nacional judaico, presente, cuidador, mas cujos desígnios são insondáveis, como convinha aos novos tempos. E a quarta fase é a da transformação de Javé

---

[103] CALMON, Sacha. *Breve história do mal.* Belo Horizonte: Luminis, 2013.

A INVENÇÃO DO MONOTOTEÍSMO: *Deuses feitos de palavras*

em homem para morrer na cruz e ser o salvador da humanidade, segundo o cristianismo.

A quarta fase é complexa por envolver a continuidade do Javé judaico junto com o Deus-pai de Jesus, o Deus-Filho, sob os auspícios do Espírito-Santo (dogma cristão da Santíssima Trindade).

Após o rompimento do judaísmo com a seita de Jesus na Palestina, comandada por Thiago, seu irmão, o judaísmo manteve-se fiel ao Javé da Torá. Com a destruição do templo e da cidade de Jerusalém, os judeus da Palestina, como acontecia nas comunidades helenizadas do Oriente próximo e países à volta do mediterrâneo, passaram a viver aglutinados pelos rabinos em suas inúmeras sinagogas.

Os cristãos, entretanto, sofreram uma cisão entre os discípulos de Thiago e os seguidores de Paulo, que acabou por prevalecer. Jesus, na visão paulina, nascera por desígnio divino e morreu na cruz para salvar todos os homens de boa vontade: ressuscitou como o filho de Deus encarnado, tendo ascendido aos céus. Mas Thiago o via como um profeta dos últimos dias, devendo os judeus observar os mandamentos para alcançar a vida eterna.

Jesus, por ser judeu, promove em suas prédicas um engate com as escrituras judaicas. Além disso, dois textos, um de Elias (Os cantos do servo) e outro de Daniel, de natureza apocalíptica, ligavam Jesus — segundo os judeus-cristãos — às tradições da Torá, tanto que antes mesmo do concílio da Nicéia criar o dogma trinitário, o Velho Testamento já tinha entrado no "canon" do cristianismo. Esse mecanismo tira Javé da esfera unicamente judaica para torná-lo um Deus de toda a humanidade, como o Deus-Pai da cristandade.

É inegável que o Deus cristão seja o Pai, tão referido por Jesus (o Abba). Segundo o Evangelho de João, Javé entregou seu filho Jesus em sacrifício (como as oferendas de animais no Templo de Jerusalém) para provar seu amor por nós e resgatar os pecados do mundo, numa tortuosa e torturada teologia. Dizem os clérigos: "Eis o Cordeiro de Deus que tira os pecados do mundo".

Jesus Cristo, assume definitivamente o lugar do Pai, e passa a ser adorado como Deus. E a bênção cristã aos fiéis passou a ser em nome do Pai (Javé), do Filho (Jesus) e do Espírito-Santo (este, um ser etéreo, representado como uma pomba branca, uma aureola dourada ou um sol com raios resplandecentes).

Mas o dogma trinitário leva a uma perplexidade: sendo a divindade UNA, é inconcebível que o poderoso Senhor dos Exércitos terminasse em uma cruz romana, condenado como um reles sedicioso. E isso sempre foi inaceitável para a fé judaica.

REVISIONISMO DA SEITA JUDAICO-CRISTÃ E NASCIMENTO DOS MITOS CRISTÃOS

Jesus como pregador apocalíptico anuncia o fim dos tempos e o reino dos céus

Jesus nasceu judeu, em região periférica da Judeia (a Galileia), e falou aos judeus, inserido no caldo de cultura desse povo. De repente, para espanto de sua gente de Nazaré, onde era conhecido como filho do carpinteiro José, e irmão de Tiago e outros tantos, torna-se um pregador visionário e apocalíptico, que se lança contra o judaísmo, conformista e legalista de seu tempo. Certamente conhecia as escrituras em hebraico, traduzidas por ocasião dos ofícios religiosos nas sinagogas da Galileia, e nada de grego ou latim.

Sobre a sua vida até os dias de pregador pouco se sabe, ou o que se soube foi suprimido, por não convir ser conhecido. Há uma grande curiosidade, por exemplo, sobre a sua vida conjugal, numa época em que os judeus casavam-se muito cedo, por várias razões, incluindo as recomendações da lei (a Torá). Falava o aramaico, a língua da região de Aram-Damasco ou siríaco antigo, disseminado na Palestina de então. Anunciava a chegada iminente do Pai (os Evangelhos nunca mencionam o nome "Javé") e conclamava os "grandes" e "poderosos" a se endireitarem, pois se não o fizessem não entrariam no reino dos céus. Era mais fácil uma corda passar pelo buraco de uma agulha do que um rico de bens materiais entrar no paraíso (as péssimas e frequentes traduções dos textos bíblicos confundiam "corda" com "camelo").

Detestava as diferenças de classe social e a empáfia dos fariseus e saduceus do seu tempo. Por isso era ebionista, ou seja, era a favor dos pobres e desprotegidos, além de propugnar o abandono da riqueza, que devia ser partilhada entre todos (comunismo primitivo). A parábola do jovem rico deixa isso bem claro, assim como o Sermão da Montanha. Pedia a todos que abandonassem pai e mãe, a família, os afazeres cotidianos e o seguissem, pois esse mundo estava prestes a acabar e logo viria o Pai e o reino dos céus com suas bem-aventuranças. A pregação era subversiva, contrariando a lei não poucas vezes. Foi contra a lapidação das pecadoras, as prescrições alimentares, rebelou-se contra o *shabat* ("o sábado foi feito para o homem e não o homem para o sábado"), declarou-se contra o hábito mosaico que dava ao marido desgostoso o direito de repudiar a mulher. Foi acusado de perturbar a *pax romana* e os preceitos vetustos da Torá.

A morte de Jesus e sua proclamada ressurreição

Os adeptos de Jesus eram os pobres, os destituídos da sorte, gente miúda. A sua pregação levou-o a ser visto como o *Messias* redentor do povo judeu, condição que ele nunca assumiu publicamente. De qualquer modo, a sua prisão, sumário julgamento e subsequente morte por crucificação, reservada aos sediciosos pelas autoridades romanas, causou comoção na seita. Em Jerusalém, houve até apoio ao suplício que lhe foi imposto, pelo caráter afrontoso de sua pregação, conforme relatos feitos pelos anciões do Sinédrio.

O Messias deveria redimir Israel política e militarmente. Porém, a mensagem de Jesus era de redenção iminente no céu, pois o mundo estaria prestes a desaparecer. Seriam salvos os que nele acreditassem e tivessem fé no Pai misericordioso. O reino

A INVENÇÃO DO MONOTOTEÍSMO: *Deuses feitos de palavras*

viria não seria neste mundo, seria no céu em companhia do Pai, e duraria para sempre (parusia). Para manter essa mística mensagem eram necessários dois eventos: o primeiro, a prova de que Jesus fosse o Messias redentor. Uma ressurreição poderia dar-lhe credibilidade (a morte infamante na cruz romana fora um grande choque) especialmente se fosse uma ressureição apoteótica, tanto quanto a aparição de Javé no Horeb; o segundo, é que o apocalipse – o fim do mundo – ocorresse ainda no curso da geração dos seus contemporâneos. Isso não aconteceu. Os relatos registrados são contraditórios em eventos restritos. Quanto ao fim do mundo, o apocalipse até hoje continua adiado. E milhares de textos foram escritos para provar a ressurreição e o adiamento do apocalipse. Pois Jesus, segundo Paulo, esperava o mundo amadurecer para descer novamente.

A *ressurreição à luz dos textos cristãos*

A morte de Jesus foi decepcionante para os seus seguidores. A ressurreição tinha que ocorrer para salvar a seita. Ela foi secreta e restrita, transmitida boca a boca até virar tradição, lentamente, ao longo das décadas seguintes.

A prova dessa ressurreição é tortuosa. Paulo é o único que alega ter visto Jesus ressuscitado, embora sequer o conhecesse pessoalmente. Na 1ª Carta aos Coríntios (15:8), aos judeus helenizados, ele diz que depois de Jesus ter aparecido, "por ouvir dizer", a Cefas (Pedro) e em seguida aos "doze" e a "todos os apóstolos", emenda que ainda apareceu a uns quinhentos crentes (15:3-8). Paulo não relata como se deu o seu encontro com Jesus (a queda do cavalo a caminho de Damasco é lendária, pois o próprio Paulo não a menciona). Paulo dá a entender que foi um encontro místico: "*O Evangelho a mim anunciado não o recebi nem o aprendi de homens, mas por revelação de Jesus Cristo*"

(Gálatas 1:11-12). Em Coríntios (12:2), procura escorar ainda mais a sua autoridade posta sob suspeita por Tiago, irmão de Jesus, em Jerusalém. Assevera: *"Conheço um homem em Cristo que há 14 anos foi, com corpo ou sem corpo, não o sei, o sabe Deus, levado ao terceiro céu e paraíso e ouviu palavras indizíveis que não é lícito a ninguém pronunciar"*. *Terceiro céu e paraíso?* Palavras indizíveis? Muito vago, fantástico.

Mas a promessa do paraíso iminente era aliciante para as pessoas se converterem e crerem na ressurreição. Fora disso, os relatos são contraditórios, o que não depõe em favor da prova testemunhal, sempre a mais fraca nos processos que buscam a verdade.

Marcos, que para mim é o primeiro Evangelho (atribuído a Marcos), diz que Maria Madalena, Maria, mãe de Tiago, e Salomé *"entrando no sepulcro, viram um jovem sentado à direita, usando uma veste branca"*, que os avisa: *"Mas ide, dizei a seus discípulos, e a Pedro, que ele vai adiante de vós para a Galileia; ali o vereis, como ele vos disse"*. *"E saindo apressadamente, fugiram do sepulcro, cheias de medo e espanto*. Por que medo e espanto, e não encantamento? *E não disseram nada a ninguém, porque tinham medo."* (Marcos, 16:5-8). Em Marcos, portanto, o que se vê é um anjo guardião vestido de branco. A ser assim, não há aparição alguma do ressurreto.

Em Lucas, os anjos já são dois, e as mulheres obedecem aos anjos. Contam tudo aos "onze" e a todos os outros (quais?). Mas os apóstolos tomaram as mulheres por loucas *"Aquelas palavras pareciam delírios e não acreditaram"* (24:3-11). Segundo Lucas, uma aparição a dois discípulos dar-se-á na estrada de Emaús. Contudo, o relato fala de um andarilho. Somente mais tarde passam a imaginar que se tratasse de Jesus, quando o estranho repete gestos e palavras da última ceia. Parece que o Cristo fazia mistério de suas aparições, ao invés de mostrar-se em todo seu es-

A INVENÇÃO DO MONOTOTEÍSMO: *Deuses feitos de palavras*

plendor para calar quaisquer dúvidas. Ora aparecerá na Galileia natal (não na Judéia), ora se disfarça de andarilho.

Em Mateus, as mulheres são apenas duas, Maria de Magdala, sempre presente e fiel, e "a outra Maria". O anjo volta a ser um, em vez de dois, como em Lucas. Agora já não há medo. *"Com temor e grande alegria"* as mulheres correm a dizer aos homens para tomarem o rumo da Galileia. E o próprio Jesus vem ao encontro deles dizendo *"Saúdo-vos"* e eles *"lhe caem aos pés"* e o adoram (28:8-9). A primeira aparição parece ser às duas mulheres. Os onze que foram para a Galileia se prostraram perante o ressurreto *"mas alguns duvidavam"* (28:16-17). Qual a razão da dúvida?

No Evangelho de João (ou atribuído a João), o que foi redigido por último, a primeira aparição é para Maria Madalena, desta vez no próprio sepulcro, mas esta parece não o ter visto. *"Voltou-se e viu Jesus, que estava ali em pé, mas não sabia se era mesmo Jesus. Pensou que fosse o guardião do jardim"* (20:14-15). Mas que jardim? O túmulo fora escavado na rocha.

Jesus aparece depois aos discípulos, embora estivessem "fechadas as portas do lugar onde estavam. Mostrou-lhes as mãos e o lado", no que não acreditou o ausente Tomé. *"Oito dias depois [...] veio Jesus e convenceu Tomé a tocá-lo com as mãos"* (João, 20:24-27).

João relata ainda outra aparição aos discípulos no Lago de Tiberíades. Mas *"os discípulos não perceberam que era Jesus. Contudo o 'desconhecido' lhes dá instruções de pesca e eles pescam cento e cinquenta e três grandes peixes"* (21:1-13). Àquela altura, já sabiam bem que era o "Senhor". As aparições continuam a gerar recorrentes ambiguidades: nada é claro, direto ou incontestável, mas velado, nebuloso, vago. Onde, afinal, a verdade?

Lucas tem uma história sobre peixes (24:37-43). Também autor dos Atos dos Apóstolos, ali ele fornece relato diferente: *"No meu primeiro livro já tratei de tudo que Jesus fez e ensinou até o dia em que, após instruir os apóstolos ascendeu aos céus. Ele apareceu vivo para eles, depois de sua paixão e não ordenou a ninguém se afastar de Jerusalém*". Ora, a ordem é oposta àquela do anjo do Evangelho de Marcos, que ordenava fossem para a Galileia...

Como se vê, as narrativas são incompatíveis. E todas destoam de Paulo: "*Apareceu a Cefas e em seguida aos Doze. Depois para mais de quinhentos irmãos de uma vez*".

A fé passa por cima de tudo, mas num processo judicial ou histórico os Evangelhos não convencem leitores, juízes ou historiadores imparciais. Somente seus poucos adeptos os judeus creram. A maioria judaica descreu, e ainda descrê!

ROMA IMPÕE O CRISTIANISMO TRINITÁRIO

O adiamento do apocalipse, do juízo final e da parusia

A segunda vinda de Jesus ao lado direito do Pai deveria ocorrer em Jerusalém e na mesma geração de seus contemporâneos. Se ele realmente disse isso, ou se é obra dos escribas, nunca o saberemos. E o que ficou da memória daqueles dias foi exatamente a iminência do reino de Deus pregado por ele: a ideia de que a parusia estaria prestes a ocorrer. Mas nada de Jesus vir novamente à Terra. As pessoas da sua geração morriam e nada acontecia. Isso colocava em risco a continuidade da seita, e foi esse enredo – que estava a revelar-se uma falácia – que separou Paulo de Tiago (irmão de Jesus e chefe da seita em Jerusalém). Tiago era ortodoxo e apegado ao judaísmo, uma religião feita para os judeus. Até então o judaísmo fora um fracasso histórico, seu Deus era imprevisível e seus preceitos de uma complicação infindável.

Para Tiago, seu irmão fora predestinado por Javé para ser o Messias "salvador" do povo judeu. Paulo, ao contrário, dizia Jesus imolara-se na cruz para salvar da morte eterna, judeus e gentios que nele tivessem fé.

Paulo acreditava que Jesus morreu homem e ressuscitou Deus (sem ressurreição não haveria cristianismo). O adiamento da parusia podia ser explicado: Jesus esperava o dia em que o mundo estivesse devidamente preparado.

No primeiro século depois de Cristo, o cristianismo esteve a ponto de desaparecer ou ser reabsorvido pelo judaísmo de Tiago e de outros grupos cristãos, que exigiam circuncisão, observância

SACHA CALMON

aos preceitos judaicos, primazia para os filhos de Abraão e cumprimento dos hábitos alimentares, bem como dos costumes, orações e sacrifícios no templo sagrado de Jerusalém. O embate de Tiago e Paulo foi de uma luta feroz, que resultou na prisão de Paulo e sua morte. Tiago também seria morto. Paulo, judeu de cidadania romana, da ala mais avançada dos fariseus, era versado em filosofia grega. Com argúcia, viu que o judaísmo com a sua mesmice estava superado, era sectário e exclusivo dos judeus.

Um passado glorioso, 2/3 da Torá, cheio de força e de milagres que remetiam a um Senhor dos Exércitos, fora-se com a destruição de Israel e de Judá. O presente era de sucessivas subjugações políticas de um povo que confundia política com religião e Estado, sem abertura para outros povos e nações. Só lhe restava o projeto messiânico nacional. O cristianismo, ao contrário, desdenhava as riquezas materiais e políticas e prometia, bastando ter fé, vida eterna e gozosa após a morte em companhia de Deus-pai, junto com Cristo, o Salvador. Naquele mundo desencontrado, povoado por milhões de pobres, em sentido material e espiritual, sob o domínio inexorável do império romano, nenhuma utopia podia fazer-lhe frente. Contudo, até o dia de sua morte, os judeus-cristãos, sob a liderança de Tiago, irmão de Jesus, tentaram conter Paulo, mantendo a seita na tradição messiânica do judaísmo, pretensão vencida totalmente.

Para testemunhar em prol de nossa tese, cedo espaço a um dos maiores historiadores cristãos. Paul Johnson começa mostrando a proeminência dos judeus na diáspora helenizada[104]:

> Conquanto seja impossível oferecer números precisos, está claro que, na época de Cristo, os judeus da diáspora excediam em número os estabelecidos na Palestina: talvez a proporção chegasse a ser de 4,5 milhões para 1 milhão. As pessoas ligadas

---

[104] JOHNSON, Paul. *História do cristianismo*. Trad. Cristiana de Assis Serra. Rio de Janeiro: Imago, 2001, p. 20-4 e 45-54.

A INVENÇÃO DO MONOTOTEÍSMO: *Deuses feitos de palavras*

de alguma forma à fé judaica constituíam uma parcela considerável da população total do império e, no Egito, onde tinham penetrado com maior intensidade, um de cada sete ou oito habitantes era judeu. Uma grande parte dessas pessoas não era de judeus por raça. Tampouco eram judeus plenos no sentido religioso: ou seja, poucos eram circuncidados, nem deles se esperava que cumprissem a lei em todo o seu rigor. A maioria era de "filhos de Noé",[105] ou tementes a Deus.

Em seguida, mostra o tribalismo do Deus e do credo judaico:

Entretanto, o Deus dos judeus permanecia vivo e rugia no templo, exigindo sangue, sem fazer qualquer tentativa de disfarçar suas origens raciais e primitivas. A construção de Herodes era elegante, moderna, sofisticada – tinha, com efeito, acrescentado alguns motivos decorativos helênicos de que muito se ressentiam os fundamentalistas, que procuravam destruí-los todo o tempo –, mas nada poderia ocultar o negócio básico do templo: o abate, consumo e combustão rituais de gado sacrificial em uma escala gigantesca. O edifício era do tamanho de uma cidade pequena. Havia, literalmente, milhares de sacerdotes, ajudantes, soldados do templo e lacaios. Para o visitante desprevenido, a dignidade e caridade da vida judia na diáspora, os obsequiosos comentários e homilias da sinagoga de Alexandria ficavam bastante perdidos em meio à fumaça das piras, aos bramidos das bestas aterrorizadas, às canaletas cheias de sangue, ao fedor do abatedouro, ao indisfarçado e indisfarçável aparato de religião tribal, inflado, pela riqueza moderna, a uma escala industrial. Era difícil, para os romanos sofisticados que conheciam o judaísmo da diáspora, compreender a hostilidade para com os judeus apresentada pelos oficiais da colônia que, atrás de uma escolta pesadamente armada, conheceram Jerusalém em época de festividades. O judaísmo da diáspora, liberal e extrovertido, continha a matriz de uma religião universal, mas somente se pudesse ser alijada de suas origens bárbaras; e como se poderia romper um cordão umbilical de tal espessura e vigor?

---

[105] Nota do autor citado: Seguidores dos Sete Mandamentos de Noé, que consistem em seis proibições (não assassinar, não roubar, não adorar falsos deuses, não praticar imoralidade sexual, não comer os membros de um animal vivo, não blasfemar) e uma exigência (organizar tribunais e trazer os transgressores à justiça). Extrapoladas da história de Noé e seus filhos, essas leis codificam as expectativas de Deus referentes ao comportamento dos gentios.

SACHA CALMON

Bem vivaz é a sua narrativa do evolver da seita judaico-cristã:

Vale a pena recapturar o movimento de Jesus. Após a prisão de seu líder, ele se desintegrara imediatamente – um clímax do período de tensão pelo qual estava passando claramente na última fase do ministério público, e que ocasionara a deserção de Judas. Praticamente deixou de existir. Em seguida, sobreveio a rápida disseminação da notícia da ressurreição, o aparecimento de Jesus e o evento pentecostal. O movimento encontrava-se de pé mais uma vez, mas não era exatamente o mesmo. Infelizmente, o conhecimento que dele temos é limitado e distorcido pela inabilidade da parte inicial dos Atos dos Apóstolos. Lucas, imaginando-se que ele tenha escrito esse documento, não se encontrava em Jerusalém na época. Não era uma testemunha ocular. Era membro da missão aos gentios e produto do movimento da diáspora. Não nutria simpatia cultural nem, na verdade, doutrinal para com os apóstolos pentecostais; nesse contexto, não só era um forasteiro como estava mal informado. Os discursos evangélicos que ele apresenta são, até certo ponto, reconstruções, inspiradas pelas passagens correspondentes da Septuaginta, um documento da diáspora, não em voga entre os judeus de Jerusalém. Mesmo levando-se tudo isso em consideração, no entanto, o relato de Lucas da religião pregada imediatamente após Pentecostes não guarda grandes semelhanças com a doutrina de Jesus. Seu ponto de partida é a ressurreição, mas, fora isso, é cristianismo sem Cristo. Com efeito, a palavra Cristo ainda não entrara em uso – foi produto da diáspora e da missão gentílica subsequentes. O que os apóstolos pregavam era uma espécie de renascimento judeu. Estava carregado de fortes tons apocalípticos – muito característico da tradição judaica – e recorria ao acontecimento da ressurreição para demonstrar e reforçar a urgência da mensagem. Mas qual era ela? Em sua essência, era: arrependam-se e façam-se batizar – a doutrina revitalizadora pregada por João Batista antes que a missão de Jesus sequer tivesse início!

Mais do que qualquer historiador do cristianismo, Paul Johnson mostra o tremendo conflito entre Paulo e Tiago, irmão de Jesus, pelo controle do movimento religioso:

Em meio a essa batalha pela alma e personalidade da nova seita, chegou o apóstolo Paulo, o "judeu de Tarso", como se autode-

A INVENÇÃO DO MONOTOTEÍSMO: *Deuses feitos de palavras*

nominava. Foi a primeira e maior personalidade cristã; sempre foi a mais controvertida, e, com frequência, a mais mal compreendida. Foi, por vezes, acusado de "inventar" o cristianismo. Paulo cruzou para o extremo oposto do espectro religioso, do sectarismo intransigente para o universalismo militante, e do legalismo estrito para um total repúdio à lei – o primeiro cristão a fazê-lo: nem mesmo Jesus fora tão longe. Paulo insiste, repetidas vezes, que essa mudança de postura fora imediata e completa: fora, na verdade, milagrosa; ele não vinha se questionando, mas, pelo contrário, a verdade, em toda a sua plenitude, fora-lhe revelada instantaneamente pelo próprio Jesus. Caso não aceitemos a visão de Paulo de como tornou-se seguidor de Cristo, será impossível compreendê-lo.

Paulo achava difícil explicar por que Jesus era judeu, e mais ainda por que tinha que ser judeu. Assim, as circunstâncias que levaram à sua crucificação eram irrelevantes e ele as omite. Simplesmente, identificou o Jesus histórico com o filho preexistente de Deus, e interpreta a crucificação como um ato divino com intenções salvacionistas de importância cósmica. E, naturalmente, quanto mais Paulo pregava seguindo essa linha, mais claro ficava para ele que seu evangelho helenizado estava mais próximo da verdade, tal como ele a compreendia, que a restrição imposta pela visão intolerante do cristianismo judaico – se é que, de fato, ele poderia ser chamado de cristianismo.

A morte reparadora de Jesus, o Messias, sacrificado por nossos pecados, serviu como nossa expiação e resgatou a humanidade. O fato de ele morrer afeta a redenção do cosmos e da humanidade como um todo, pois, em sua morte, o mundo foi crucificado e começou a morrer; Cristo logo retornará dos céus como Filho do homem. Aqui temos, em sua essência, as doutrinas centrais do cristianismo: a visão histórica, o mecanismo da salvação, o papel e status de Cristo Jesus. Tudo estava implícito nos ensinamentos de Cristo. Paulo deixou-o explícito, claro e completo. É um sistema teológico, capaz de infinitas elaborações, sem dúvida, mas com seus fundamentos completos. É cósmico e universalista: é, na verdade, helenizado – Paulo, o Judeu, cuja língua nativa era o aramaico e cujo grego era singular, havia fornecido a parte do processador helenizado, tornando o monoteísmo judaico, assim, acessível para todo o mundo romano.

A vinda de Cristo à Terra pusera o mecanismo em movimento: isso estava claro. Porém, quando ele culminava? Qual era o esquema temporal do cristianismo? A totalidade da obra de Jesus implicava que o apocalipse era iminente; alguns de seus ditos eram bastante explícitos sobre esse ponto. É verdade que sua doutrina também contém o conceito de um relacionamento com Deus individual e íntimo, bem como de uma salvação pessoal que torna o apocalipse supérfluo e irrelevante: a alma tem seu próprio drama com Deus, além do vasto espetáculo coletivo no palco escatológico, com seu cenário e efeitos sonoros aterrorizantes, seu deus *ex machina* descendo para a Segunda Vinda, a parusia. Mas isso ainda estava por ser descoberto e interpretado: uma das matrizes ocultas do evangelho de Jesus. À primeira vista, a perspectiva sobre a missão de Jesus era de que se tratava de um prelúdio imediato a um Julgamento Final. Daí a urgência da tarefa pentecostal, uma urgência de que Paulo compartilhou durante toda a sua vida, de modo que sua esperança final era ser o portador da boa nova, enquanto houvesse tempo, até a Espanha – para ele, "os confins da terra".

A destruição do templo de Jerusalém pelos romanos foi crucial para a sobrevivência da seita de Jesus, até então maciçamente judaica.

O que assegurou a sobrevivência do cristianismo não foi o triunfo de Paulo no campo mas a destruição de Jerusalém, e, com ela, a fé cristã judaica. Uma das muitas razões colaterais por que Paulo ansiava por dissociar a doutrina cristã do judaísmo era seu desejo de resgatá-la da política irredentista judaica. O Messias político e militar judeu nada significava para gregos e romanos. E, no entender de Paulo, Jesus nunca fora um Messias nesse sentido. Não era disso que tratava o cristianismo. Como judeu da diáspora, ele não tinha motivo de queixa dos romanos. Pelo contrário, parecia admirar o sistema romano e dele tirou proveito. Seu apelo público à cidadania romana foi mais que uma fuga física da justiça da lei, que agora lhe era odiosa: era uma renúncia simbólica ao status judaico. Paulo não desejava ver o movimento cristão prejudicado e talvez arruinado pelo envolvimento com a (para ele) irrelevante e inútil busca de um Estado judeu. O reino de Cristo não era deste mundo! Quanto a isso, Paulo ia ao encontro de Josefo: os dois bem que podiam ter se encontrado, pois Paulo poderia ter encontrado um convertido. Porém, Paulo foi derrotado e a Igreja cristã judaica de Jerusalém aproximou-se mais do judaísmo – sendo um movimento radical – do zelotismo e do nacionalismo. (...) Em Jerusalém, um proletariado em desespero ergueu-se contra Roma e uma aristocracia sacerdotal colaboracionista é a favor de feiticeiros,

A INVENÇÃO DO MONOTOTEÍSMO: *Deuses feitos de palavras*

bandoleiros patrióticos e sectários. A revolta final e sua repressão duraram quatro anos. Exigiu muito dos recursos militares e econômicos do império e a vingança de Roma foi nas mesmas proporções. O total de baixas judaicas relatado por Josefo chega a quase um milhão e meio. O número não é realista, mas reflete o horror daqueles anos. Houve uma nova e desesperada diáspora. O templo foi destruído e, dali por diante, o judaísmo tornou-se uma religião do Talmude. A nação judaica jamais se recuperaria do golpe, muito embora a dispersão final tenha se dado no século seguinte, quando Jerusalém foi arrasada e reerguida como uma cidade colonial romana. A comunidade cristã judaica debandou; a maioria de seus líderes foi, sem dúvida, morta. Os sobreviventes abalaram para a Ásia Menor, o Oriente, o Egito, sobretudo Alexandria.

Dele não discrepa Paolo Flores D'Arcais:[106]

Jesus jamais foi cristão. Jamais se proclamou Messias. Jesus era um profeta hebreu apocalíptico itinerante, que anunciava nas vilas da Galileia o fim do mundo próximo e o iminente triunfo do reino onde os últimos serão os primeiros. O seu *evangelion*, proclamado ao final também em Jerusalém, coloca-o em contraste com uma parte do *establishment*. Os romanos o executam na cruz junto a dois subversivos (zelotas). Os seus discípulos, dispersos, acabam por se convencer de que ele está ainda "no meio deles". Hebreus praticantes querem convencer os correligionários. A sua fé toda hebraica fará, contudo, mais prosélitos junto aos gentios. A destruição de Jerusalém e do templo, em 70, põe fim à época do hebraísmo fundado nos sacerdotes e sacrifícios, e inaugura aquela do rabinismo. As comunidades que professam Jesus ressuscitado, cada vez mais "gregas", multiplicam-se ao longo de três séculos, adotando formas teológicas sempre mais variadas e incompatíveis entre si, ainda que em comum tenham uma divinização de Jesus que modifica a figura real. Somente a intervenção do poder imperial, que impõe o cristianismo como religião de Estado, logrará unificar este caleidoscópio de fés, entre conflitos comumente sangrentos. Isto no que diz respeito à história. Outra coisa é a fé, obviamente, que Paulo orgulhosamente considerava loucura e os cristãos dos primeiros séculos proclamavam um tanto quanto orgulhosamente "credo quia absurdum". ["creio porque é absurdo"].

---

[106] Op. cit. p. 126-7.

Essa religião que se desprende de outra, à revelia do seu inspirador, penetrará nas massas crédulas do imenso Império Romano, depurado dos costumes tribais do judaísmo de que derivou (não o judaísmo dos rabinos, surgido com a destruição definitiva do templo de Javé em Jerusalém).

Constantino, adorador do "sol invicto", mudará para sempre os caracteres do cristianismo nascente e fragmentado em centenas de seitas e controvérsias teológicas. O Imperador, ao se declarar cristão, dará ao cristianismo o senso de organização hierárquica da administração imperial e, a partir da manipulação autoritária das categorias filosóficas gregas, lhe outorgará no Concílio de Niceia a trindade, pondo fim às discussões sobre a natureza do Divino.

O cristianismo romano

Esta é resenha bem vívida daqueles turbulentos e remotos tempos, quando o cristianismo em formação perigava, primeiro entre os judeus (nativos ou das cidades da diáspora, inevitavelmente helenizados), e depois entre os gentios (os estrangeiros) humildes de várias nacionalidades.

O imperador Constantino deu um fim às discussões trinitárias, nas polêmicas e heresias de incontáveis grupos cristãos que se seguiram à morte dos precursores: Tiago, Paulo, João e, secundariamente, Simão Pedro (que, longe de ser pedra, era areia movediça), seguidamente admoestado por Paulo, que iniciou a "deificação" de Jesus, cimentada no Concílio de Niceia como dogma irrefutável pelo – digamos, com certa dose de realismo – primeiro papa da cristandade, o imperador Constantino. Essa religião viria a ter o domínio das almas e também do poder político, e de incontáveis bens materiais até os dias atuais, embora empobrecida tanto material como espiritualmente, numa multiplicidade impressionante de confissões e seitas.

A INVENÇÃO DO MONOTOTEÍSMO: *Deuses feitos de palavras*

O assoalho da fé judaico-cristã é o grandioso ato da criação. Ali, vemos Deus voltado ao ato de criar por meio da palavra. Ele fala, e as coisas passam a existir. Essa apoteótica cena inaugura o Velho Testamento e magnifica a força do Verbo:

1 No *princípio criou Deus os céus e a terra.*

2 *A terra era sem forma e vazia; e havia trevas sobre a face do abismo, mas o Espírito de Deus pairava por sobre as águas.*

3 *Disse Deus: haja luz. E houve luz.*

4 *Viu Deus que a luz era boa; e fez separação entre a luz e as trevas.*

5 *E Deus chamou à luz dia, e às trevas noite. E foi a tarde e a manhã, o dia primeiro.*

6 *E disse Deus: haja um firmamento no meio das águas, e haja separação entre águas e águas.*

7 *Fez, pois, Deus o firmamento, e separou as águas que estavam debaixo do firmamento das que estavam por cima do firmamento. E assim foi. (Gênesis 1:1-7)*

Em outro texto, agora do Novo Testamento, lê-se: "O Verbo se fez carne e habitou entre nós". A passagem nos remete à "encarnação" de Deus no ventre da Virgem Maria, mãe de Jesus.

Ao longo das Bíblias cristãs Deus e Verbo são usados como termos sinônimos. Sabemos que a Bíblia hebraica foi traduzida para o grego por 70 sábios de Alexandria (daí ser chamada de "Septuaginta"), sob a suposta proteção de Javé, segundo os judeus. Mas houve erros, como o de traduzir "almah", moça, por "betulah", que significa "virgem", no trecho da profecia do nascimento do filho do Rei Acaz (setecentos anos antes de Cristo), em que os cristãos se apoiam para alegar a virgindade de Maria, antes e depois do parto.

Do grego a Bíblia foi vertida para o latim por Gerônimo, da

Igreja cristã, sob o nome de Bíblia Vulgata. Apesar de seus acréscimos e supressões, seja em grego ou latim, as expressões Deus e Verbo são uma só e mesma coisa.

Foi o Verbo, falando latim, ancorada no poder de Roma que levou o cristianismo romano a todos os recantos do mundo antigo. O Verbo, em hebraico, restringiu-se ao povo judeu

Epílogo

Razão de ser do livro

É comum dizer-se que somos, no Ocidente, sociedades judai-co-cristãs e, ao mesmo tempo, greco-romanas. Somos também herdeiros do renascimento italiano, da reforma protestante, da contra-reforma católica, do período heroico das grandes navegações marítimas, da revolução industrial, do iluminismo, do colonialismo, do imperialismo ocidental e de duas grandes guerras mundiais. Tudo isso junto. A mistura de influências certamente é estonteante, mormente em tempos de globalização.

Quisemos com este livro decodificar a Bíblia e seus deuses construídos por palavras. Não foi "o verbo" que apareceu no Sinai para fazer a lei. Não foi o "verbo" que se encarnou em ventre de mulher em Nazaré para se fazer homem. Foram os homens que fizeram o "verbo". E o "verbo" modelou as deidades da tradição judaico-cristã.

No princípio, o Javé inventado pelos deuteronomistas teria feito coisas espetaculares no Egito e em Canaã. Depois, somente colheu derrotas. Nunca mais operou maravilhas. O Javé encarnado na desconcertante pessoa de Jesus de Nazaré, como quis o cristianismo joanino, teve que viver e morrer como homem. Teria ressuscitado, porque Deus algum pode estar morto. Assim, teria aparecido para uns poucos e jamais reapareceu depois. Mas continua presente nas culturas do mundo ocidental.

O "verbo" continua a fazer seus milagres: uma boa parte da humanidade espera a segunda vinda de Cristo, e uma parcela do povo judeu espera a chegada do seu Messias redentor, para o Juízo Final.

Para tanto, foi necessário todo um discurso político-religioso, cujo inquérito agora chega ao fim.

BIBLIOGRAFIA

A *Bíblia Sagrada Batista*. Edição contemporânea de João Ferreira de Almeida. 4ª reimp. São Paulo: Vida, 1999.

A *Bíblia Sagrada*. Traduzida por João Ferreira de Almeida. Brasília: Sociedade Bíblica do Brasil, 1969.

ALTAVILA, Jayme de. *Origem dos direitos dos povos*. São Paulo: Ícone, 1989.

ARMSTRONG, Karen. *A Bíblia: uma biografia*. Trad. Maria Luiza X. e A. Borges Rio de Janeiro: Zahar, 2008. Título original: *The Bible (A Biography)*. Londres: Atlantic Books, 2007, um selo de Grove Atlantic Ltd.

ASLAN, Reza. *Zelota - A vida e a época de Jesus de Nazaré*. Rio de Janeiro: Zahar, 2013. Título em inglês: *Zealot (The life and times of Jesus of Nazareth)*.

BERNARDES, Padre Manuel. *Nova Floresta*. Vol. 2. Porto: Chardron, 1909.

BOWKER, John. *Deus, uma breve história*. Trad. Kanji Editoração. São Paulo: Globo, 2002. Título original: *God, a brief history*.

BLOOM, Harold. *Jesus e Javé: os nomes divinos*. Trad. José Roberto O'Shea. Rio de Janeiro: Objetiva, 2006. Título original: *Jesus and Yahweh: The Names Divine*.

CALMON, Sacha. *A história da mitologia judaico-cristã*. São Paulo: Noeses, 2010.

CALMON, Sacha. *Breve história do mal*. Belo Horizonte: Luminis, 2013.

A INVENÇÃO DO MONOTOTEÍSMO: *Deuses feitos de palavras*

COHN, Norman. *Cosmos, caos e o mundo que virá (As origens das crenças no apocalipse)*. Trad. Cláudio Marcondes. São Paulo: Companhia das Letras, 1996. Título original: *Cosmos, Chaos and the world to come. The ancient roots of the apocalyptic faith*, 1993.

COMMELIN, P. *Nova mitologia grega e romana*. Rio de Janeiro, Paris: H. Garnier, 1906.

D'ARCAIS, Paolo Flores. *Jesus: a invenção do Deus cristão*. 2ª ed. Torino: ADD Editora, 2011. Título original: *Gesù – L'invenzione Del Dio cristiano*.

FINKELSTEIN, Israel.; SILBERMAN, Neil Asher. *A Bíblia não tinha razão*. Trad. Tuca Magalhães. São Paulo: A Girafa, 2003. Título original: *The Bible Unearthed: Archaeology's New Vision of Ancient Israel and the origin of its sacred texts*. EUA, 2001.

GOTTWALD, Norman K. *The tribes of Yahweh*. New York, Orbis Books: 1979.

JOHNSON, Paul. *História do cristianismo*. Trad. Cristiana de Assis Serra. Rio de Janeiro: Imago, 2001.

LOON, H. Van. *Navios e de como eles singraram os sete mares*. Trad. Érico Veríssimo. Porto Alegre: Globo, 1935.

MARQUES, Luiz. Revista *História Viva – Grandes Temas*. Edição especial temática n. 20, Ediouro, Segmento-Duetto Editorial Ltda, edição brasileira de História das Publicações Tallandier.

MENDENHALL, GE. The hebrew conquest of Palestine. *Biblical Archaeologist*, v. 25, 1962.

MILES, Jack. *Deus: uma biografia*. Trad. José Rubens Siqueira. São Paulo: Companhia das Letras, 1997. Título original: *God A Biography*.

MILES, Jack. *Cristo: uma crise na vida de Deus.* Trad. Carlos Eduardo Lins da Silva e Maria Cecília de Sá Porto. São Paulo: Companhia das Letras. 2002. Título original: *Christ: A crisis in the life of God.*

SILVA, Alberto da Costa e. *A enxada e a lança: a África antes dos portugueses.* São Paulo: Nova Fronteira, 1992.

Torá – A Lei de Moisés. Tradução e transliteração de Jairo e Vitor Friolin. São Paulo: Ed. Sêfer, 2001.

VEYNE, Paul. *Quando nosso mundo se tornou cristão (312-394).* Trad. Marcos de Castro. 2. ed. Rio de Janeiro: Civilização Brasileira, 2011.